귀농

매뉴얼 북

귀농 매뉴얼 북

첫판 1쇄 펴낸날 2014년 5월 20일
첫판 4쇄 펴낸날 2017년 12월 10일

지은이 | 남해길
편집·발행인 | 김은옥
꾸민이 | 황지은
펴낸곳 | 올리브북스

주소 | 경기도 부천시 원미구 신흥로 173
전화 | 032-233-2427
이메일 | olivebooks@naver.com
블로그 | blog.naver.com/olivebooks

출판등록 | 제387-2007-00012호(2007년 5월 21일)

ISBN | 978-89-94035-23-9 03320

이 도서의 국립중앙도서관 출판시도서목록(CIP)은 서지정보유통지원시스템 홈페이지(http://seoji.nl.go.kr)와 국가자료공동목록시스템(http://www.nl.go.kr/kolisnet)에서 이용하실 수 있습니다(CIP제어번호: CIP2014014215).

총판 기독교출판유통 | 031-906-9191(전화), 0505-365-9191(팩스)

귀농 멘토가 들려주는 생생 조언

귀농 매뉴얼 북

남해길 지음

올리브 북스
Olive Books

책을 펴내며

귀농에 관한 책을 써야겠다는 결심은 우연한 기회에 찾아왔습니다. 바로 KBS와의 인연입니다. 이 책은 '즐거운 라디오 여기는 안동입니다'의 한 코너인 '귀농속으로'의 방송 원고들을 모은 것입니다. 제한된 시간(7분)에 진행된 원고이다 보니 군데군데 허술한 부분도 있음을 고백합니다. 독자들의 아량을 기대하며 다소 중복되지만 그동안 각종 매체에 기고했던 글들도 함께 묶었음을 밝혀드립니다.

지금도 농사와 귀농에 관한 한 여전히 탐구해야 될 것이 많은 저로서는 책을 내는 일은 큰 도전이 아닐 수 없습니다. 하지만 터무니없는 용기를 내게 된 것은 아직도 수많은 시행착오 속에서 헤매고 있을 귀농인과 귀농에 뜻을 두고 있는 예비 귀농인에게 미약하지만 작은 경험을 나누고 싶었습니다.

제가 이 책을 통해서 기대하는 바가 있다면 예비 귀농인이 귀농하기 전에 꼭 한 번 읽고 농촌 사회에 대한 정확한 이해를 가졌으면 하는 것입니다. 아울러 귀농 준비 단계에서 시행착오를 줄이는 데 도움이 되었으면 합니다. 또 귀농인들이 잘 연대해서 농촌 마을을 활력 있게 만드는 데 힘이 모아졌으면 하는 바람도 있습니다. 뿐만 아니라 귀농인으로서 지역사회와 소통하는 차원에서 책을 내는 의의도 있습니다. 앞으로 우리가 살고 있는 농촌에 더 많은 귀농인이 들어올 텐데 그들에 대한 열린 마음을 가지는 기회가 되었으면 더 없이 좋겠다는 소망을 품어 봅니다.

그동안 방송을 하면서, 또 책으로 묶어 내는 과정 속에서 많은 이의 도움을 받았습니다.

누구보다도 저의 '귀농 멘토'인 김인석 목사(청송읍 월외리 광야교회)에게 감사를 전합니다. 그는 농업과 농촌에 무지했던 저에게 번거로움을 마다하지 않고 아낌없는 친절을 베풀어 주었습니다. KBS 안동 방송국의 박경희 PD를 비롯해 서태왕 아나운서, 남윤정 작가에게도 마땅히 감사한 마음을 전합니다. 그들의 따뜻한 격려와 호응이 없었다면 이 책은 결코 세상 밖으로 나올 수 없었을 것입니다.

우리 삼의교회 교우들도 꼭 기억해야 될 분들입니다. 그들의 묵묵한 지지와 응원이 큰 힘이 되었습니다. 청송문협의 문우들과 청송귀농귀촌고민센터 회원들에게도 머리 숙여 고마운 마음을 전합니다. 또 부족한 원고지만 기꺼이 출판을 결심해 준 올리브북스 김은옥 대표에게도 사의를 표합니다. 마지막으로 낯선 땅 청송에 와서 여러 가지 힘든 환경 속에서도 동반자가 되어 준 아내와 두 딸에게도 미안한 마음과 함께 사랑의 마음을 전합니다.

2014년 5월

남해길

추천의 글

농촌이 살아야 우리 사회가 건강해질 수 있습니다. 좋은 땅에서 좋은 환경에서 자라나고 생산된 건강한 먹거리가 우리를 살리고 우리의 아이들을 살릴 것입니다. 그 중심에 농촌을 삶의 터전 삼아 제2의 인생을 살아가는 귀농인들이 있습니다.

이 책 《귀농 매뉴얼 북》은 저자가 직접 귀농하면서 준비하고 몸소 경험한 사례와 주위 귀농인들의 어려움을 상담하고 도와주며 그들의 마음을 알고, 귀농과 관련된 내용을 정리한 것입니다. 귀농인의 실생활에 필요한 구체적인 내용들로 가득 차 있고, 생생한 현장의 목소리가 들어 있어 어느 것 하나 소홀이 볼 수 없습니다. 비록 이 책에서는 청송 지역의 사례를 들고 있지만, 제가 20여 년간 전국의 생산지를 다니며 느낀 바는 청송 지역뿐만 아니라 전국 어디에서도 이 책을 기본서로 활용하면 충분하다고 생각합니다. 귀농인이 궁금해 할 수 있는 질문들을 쉽고 간결하게 정리해서 이해하기 쉽습니다. 20년을 살아도 여전히 객지 사람이며 이방인 취급받는 게 현실입니다. 알고 들어가야 합니다. 감내하고 들어가야 합니다. 내가 태어나고 자란 작은 고향 마을에서도 흔하게 볼 수 있는 현상입니다. 귀농 준비에 기초적인 것부터, 각종 귀농 정책, 귀농 십계명, 귀농성공예측검사는 필히 점검해야 할 항목들입니다.

그리고 새로운 농업의 방향이 될 수 있는 6차 산업과 대안 운동이 될 수 있는 협동조합, 마을 공동체 재생 운동, 유기농업까지 알찬 내용으로 가득 차 있습니다. 이를 하나씩 완성해 가면 이방인이 아닌 지역을 함께 짊어지고 나갈 마을 공동체의 일원이 될 것이라 확신합니다. 여러분도 《귀농 매뉴얼 북》을 통해 한 단계 한 단계 시작해 보기를 바랍니다.

박용광

한살림소비자생활협동조합연합회 상무

추천의 글

개구리 우는 소리, 농로를 밟던 시절이 그리워 다시 고향으로 향하는 땅 위의 '연어'들이 언제부터인가 주변에 하나 둘씩 많아지면서 이제는 어색하지 않은 모습이 되었습니다. 촌사람이 되기 위해 농촌으로 돌아온 귀농 · 귀촌인으로 불리는 이들입니다.

단순히 도시의 빌딩 숲을 벗어나고자 하는 것이 아니라, 이름부터 구수한 농촌에서 수확이라는 행복을 얻고 윗동네, 아랫동네 사람 사는 정을 나눠보자는 귀농 · 귀촌이 오늘날 소위 '대세'입니다.

2013년 가을, 우연히 한 기사를 통해 접한 남해길 대표의 '청송귀농귀촌고민센터'는 귀농 · 귀촌과 관련한 라디

오 고정 코너를 고민하던 저에게는 더없이 반가운 만남이었습니다. 매주 수요일 '귀농속으로'를 통해 귀농 정보를 속속들이 소개하면서 남 대표님과의 인연은 해를 넘겨 이어오고 있습니다.

평소 '초보'라는 단어를 참 좋아하는데 누구에게나 '초보'의 순간이 있지만, 두번째 인생을 펼쳐갈 '귀농 초보'야 말로 쉽지 않은 도전 앞에 설렘과 기대, 긴장과 불안함의 연속일 것입니다. 이 책은 그런 초보자들에게 귀농 준비부터 성공 귀농에 이르는 과정까지, 길을 헤매지 않도록 내비게이션의 역할이 되어줄 것입니다. 우리가 몰랐던 귀농의 진짜 이야기. 지금부터 남해길 대표의 《귀농 매뉴얼북》 속에서 만나보시기 바랍니다.

남윤정
KBS 안동 방송국 작가

글 싣는 순서

01

귀농 · 귀촌의 첫걸음

❶ 청송귀농귀촌고민센터, 귀농에 대한 다양한 정보를 얻을 수 있고 순수 민간단체라는 점에서 눈길이 갑니다. 어떤 단체인지 소개해 주세요.

청송귀농귀촌고민센터는 청송군 농업기술센터에서 2013년 3월부터 7월까지 진행된 신규 영농인 정착 과정(귀농교육)에서 교육받은 40여 명의 교육생들의 모임입니다. 교육 수료 후에 친목 도모도 하고 의미 있는 일을 해보자는 의견들이 모아져서 모임을 만들게 되었습니다.

❷ 회원은 모두 귀농한 분들입니까?

대부분의 회원은 최근 2년 사이에 귀농한 분들입니다. 일부는 청송 지역에 농지를 확보하고 귀농을 실행하는 단계에 있는 분들도 더러 있습니다.

❸ 그렇다면 대표님도 귀농하셨습니까?

저는 청송 주왕산 국립공원 근처에 있는 삼의교회 목사입니다. 2013년 8월에 귀농 목회를 위해서 청송에 왔습니다. 청송으로 오게 된 계기는 약 10년 전에 현서 지역에 토지를 임대해서 오가피 농사를 시작하면서입니다. 오가피와 더불어 콩, 감자, 고구마 등을 경작했습니다. 그때는 대구에서 주말농장 같은 개념으로 농사를 지어 왔습니다. 그러다가 3년 전부터 좀더 많은 시간을 농사짓는 일에 집중하게 되었고, 그러다 보니 자연스럽게 농사에 눈이 뜨여지기 시작했습니다. 땅을 만지면서 농사짓는 일이 참 귀하다는 생각을 갖게 되었습니다. 그래서 작년에 완전히 귀농해서 적은 자본으로 단위 소득을 높게 올릴 수 있는 작물이 어떤 것이 있을까 고민하다가 금년에 오미자 농사를 시작했습니다.

❹ 실제로 주말농장을 하다가 농사일이 마음에 들어 귀농한 분들도 있다고 합니다. 바로 그런 경우셨네요. 귀농한 분들이 처음에 가장 힘들어 하는 부분은 무엇입니까?

귀농자는 대략 두 부류입니다. 한 부류는 고향이나 먼저 귀농한 지인들이 있는 곳으로 귀농한 분들, 또 한 부류는 전혀 연고도 없고 아는 사람도 없는 곳으로 귀농한 분들입니다. 후자의 경우에는 농사 멘토가 되어줄 사람들이 거의 없다는 애로사항이 있습니다.

그렇기 때문에 농지를 고르는 단계에서부터 농사의 실제적이고 전반적인 기술이나 병해충에 대해서 편하게 물어볼 사람이 없다는 것이 가장 답답해하는 문제입니다. 사실 어느 지역이나 마찬가지로 귀농인과 기존 지역 주민들과의 어색한 분위기가 있기 때문에 농사 자문을 받는 것이 쉽지 않은 실정입니다.

❺ 주변에서 귀농인들을 쉽게 볼 수 있을 정도로 과거에 비해 정말 많아졌습니다. 말씀하신 것처럼 농업 기술에 있어서 크고 작은 어려움이 있을 텐데, 막연한 귀농이 아니라 정확하고 철저한 준비가 귀농의 출발점이 아닐까 싶습니다. 어떻습니까?

귀농의 성패 여부는 바로 철저하고 정확한 사전 조사와 준비에 달려 있다고 해도 과언이 아닙니다. 충분한 시간을 가지고 준비해야 하고 귀농 예정 지역을 자주 왕래하면서 농지 확보와 작물 선택에 있어서 신중을 기하지 않으면 나중에 반드시 후회하는 것을 주변에서 종종 볼 수 있습니다.

❻ 청송군의 귀농지원정책은 어떻습니까?

무엇보다도 귀농하려면 자금이 문제가 되는데 일단 영농 정착 지원금으로 400만 원 정도를 지원해 줍니다. 정책 자금이 2억 원 한도 내에 연리 3퍼센트, 5년 거치 15년 분할 상환 조건으로 융자도 받을 수 있습니다.

주택 신축이나 구입할 경우 4천만 원 한도 내에서 융자가 가능합니다. 이 외에도 주택 수리비 지원 사업으로 300만 원(한도), 200만 원 한도 내에서 농지 구입 세제 지원을 받을 수 있습니다. 농지 구입에 따른 융자금 이자 지원도 받을 수 있습니다. 이 외에도 귀농 교육비를 지원해 주는 등 다양한 지원책이 마련되어 있습니다. (195쪽 '청송 귀농의 모든 것' 참고.)

❼ 센터에 많은 문의가 올 것 같은데 주로 어떤 상담이 많은지 궁금합니다.

정책 지원에 대한 문의도 많지만, 예비 귀농인이 가장 고민하는 부분은 바로 농지 확보와 작물 선택의 문제입니다. 좋은 농지를 구하는 것도 쉽지 않고 더구나 내가 원하는 가격에 사거나 임대하는 일도 보통 어려운 일이 아닙니다. 또 어떤 작물을 선택하느냐에 따라 토지의 위치나 방향 같은 조건도 달라지는 것이 농사입니다. 그래서 저희들은 일단 토지와 작물을 선택하는 데 필요한 조언을 하고 있습니다. 가령 구입하고자 하는 토지의 가격은 적

정한지, 선택한 작물이 그 토지에 맞는지 등을 자문해 주고 있습니다.

❽ 상담을 원하는 분들은 어떻게 신청하면 됩니까?

청송귀농귀촌고민센터는 24시간 열려 있습니다. 낮에는 열심히 일하시고 편한 저녁 시간에 전화주시면 됩니다. '청송귀농귀촌고민센터'라는 인터넷 카페도 있습니다. 카페에 들어오셔서 글을 남겨 주시면 귀농 멘토들이 상담해 드립니다.

02

귀농인, 지역 주민인가, 이방인인가?

20년을 살아도 여전히 '객지 사람'

❶ 귀농인이 농촌 사회에 적응하는 과정이 생각보다 쉽지 않다고 하는데 실제로는 어떻습니까?

귀농인은 수십 년을 도시에서 살다가 농촌으로 이주해서 막상 새로운 삶을 살고자 할 때 부딪히는 많은 문제 가운데 자기 정체성에 대해서 혼란을 겪는 경우가 많습니다. 제가 이 단체를 만들고 창립식을 할 때 농민 단체에서 나온 분에게 이렇게 호소한 적이 있었습니다. "귀농인은 농민도 아닌 것 같고, 지역 주민도 아닌 것 같다." 완전히 이방인이라는 의미입니다. 귀농인이 실제 농촌에서 생활하면서 이런 문제들 때문에 정착하는 데 많은 어려움을 겪고 있습니다.

❷ 귀농인이 자신을 이방인으로 느끼는 이유는 무엇일까요?

최근에 타계한 미국의 심리학자 윌리엄 글래서의 이론에 따르면 사람은 누구나 어디엔가 소속되고 싶어하는 욕구와 인정받고 싶어하는 욕구가 있다고 합니다. 귀농인도 마찬가지입니다. 농촌 사회에 왔으면 한 마을의 구성원으로서 인정받고 소속되고 싶은 건 당연한 욕구입니다. 그런데 마을 중심으로 들어가려고 할 때 어느 순간 보이지 않는 벽이 있다는 것을 느끼게 되는 것이지요. 지금 농촌은 잘 아시다시피 고령화된 사회입니다. 마을에 젊은 사람들이 거의 없습니다. 그런데 귀농자들은 50대 전후가 일반적입니다. 이분들은 마을 중심으로 들어가기 원하지만 기존의 주민들이 그 자리를 쉽게 내어주지 않는 것이지요. 빼앗긴다고 생각하는 것 같습니다.

❸ 귀농하는 사람들은 보통 고향이나 연고가 있는 곳으로 가는 것이 일반적입니다. 그런 분들도 어떤 벽을 느끼나요?

지역에 연고가 있다고 해서 예외는 아닌 것 같습니다. 가령 제가 몇 달 전에 마을을 산책하면서 어떤 분을 만났는데 60세 초반인 이분은 아내의 고향에 와서 20년을 살았다고 합니다. 마을 경로당 총회에서 어떤 어르신이 이분이 비교적 젊으니까 경로당 총무로 세워 마을의 궂은일을 좀 맡기자고 추천했다고 합니다.

그런데 대부분의 사람들이 반대했다고 합니다. 이유는 딱 한 가지입니다. '객지 사람'이라는 것입니다. 이분은 ○○에서 왔고, 같은 경북 사람이고, 다른 곳도 아닌 아내의 고향에 들어와서 산 지 20년이나 되었는데도 여전히 마을 사람의 의식 속에는 이방인입니다. 우리 같은 귀농인의 입장에서 보면 참 안타까운 노릇이 아닐 수 없습니다.

❹ 지역 주민과 귀농인 간의 벽 어떻게 허물 수 있을까요?

지역 주민과 귀농인이 다 같이 노력해야 될 문제입니다.

우선 귀농인은 농촌 사회에 대한 이해를 정확히 해야 합니다. 농촌은 도시와는 다르게 아주 느리게 가는 시계와 같습니다. 변화에 대해서 민감하게 반응하지 않습니다. 농사에 비유하면, 예를 들어 올해 고추 가격이 상당히 안 좋은데 귀농인은 내년에도 이 농사를 계속해야 되나 하는 문제를 고민합니다. 하지만 기존의 농민들은 한평생 지어 온 농사를 쉽게 바꿀 생각을 못합니다. 농부에게는 이런 진득함이 있습니다.

그렇기 때문에 지역 주민에게 다가가기 위해서는 우선 시간을 충분히 두고 서서히 다가가는 노력이 필요합니다. 기존의 지역 주민들은 귀농인을 마을 분위기를 헤치는 사람으로 볼 것이 아니라 다 함께 잘 살아야 하는 우리의 이웃이라는 따뜻한 시각으로 바라 볼 필요가 있습니다. 요즘 국가 정책이 마을 기업을 육성하는 방향으로 가고 있는데 귀농인들과 지역 주민들이 잘 연대하면 상생할 수 있는 좋은 자양분이 될 수 있습니다.

❺ 말씀을 들으면서 귀농인과 지역 주민만이 아니라 기존의 농민 단체나 지자체에서도 이런 부분을 잘 중재해야겠고, 또 갈등을 해소하기 위한 정책적인 노력도 필요하다는 생각이 드는데 어떻게 보십니까?

앞서 귀농인은 농민도 아니고 지역 주민도 아닌 것 같다는 말씀을 드렸는데, 농민 단체 같은 곳에서 먼저 귀농인을 잘 품어 주어야 합니다. 사실 제가 귀농 단체를 만들어서 활동합니다만 가능하면 지역의 농민 단체 안에 이런 조직이나 기구가 있어야 한다고 생각합니다.

그래서 귀농인의 농촌 생활을 잘 이끌어 줄 필요도 있고, 귀농인에게 영농 기술을 잘 전수해 주어서 이방인처럼 느껴지지 않게 해야 합니다. 지자체에서도 많은 관심을 가질 필요가 있습니다. 예를 들면 경북 북부 지역의 한 지자체의 경우 귀농인이 마을 주민들을 초대해서 집들이를 할 때 40만 원을 보조해 주는 사업이 있다고 합니다.

그 정도 금액은 아니더라도 일정 금액을 지원해 주고 본인이 조금만 더 경비를 보태면 이런 공동체적인 분위기를 만들어 가는데 도움이 되지 않을까 생각합니다. 그런

– 김인석 귀농 멘토의 농장, 수형이 잘 잡힌 과목 사이에 잔디가 깔려 있다.

데 귀농인의 입장에서 지자체에서도 이방인 대하듯 하는 것 같아서 안타깝습니다.

❻ 결국 모두 상생할 수 있는 서로간의 공감과 이해가 가장 중요할 것 같습니다. 이 시간을 통해 귀농인에게 당부하고 싶은 말씀은 무엇인가요?

귀농이라는 새로운 분야로의 진입을 결심하고 실행에 옮기기까지 고민에 고민을 했을 것입니다. 인생 2막인 귀농이 후회하지 않는 선택이 되려면 지역 주민들과 잘 화합하고 평화스럽게 지내는 데 있습니다. 저는 땅을 만지는 사람의 기본 품성이 그래야 한다고 생각합니다.

어디가나 소위 텃세라는 것은 있을 수밖에 없습니다. 갈등이 있거나 고민이 있을 때 언제든지 인터넷 카페를 이용하거나 청송귀농귀촌고민센터(070-4406-5870)로 전화주시면 함께 고민하면서 문제들을 풀어가면 좋겠습니다.

방송에서 못 다한 이야기

'귀농인'의 본래적 의미는 자기가 태어난 고향으로 돌아온 사람을 일컫는다. 그런데 모든 것에 익숙한 고향으로 돌아온 귀농인 조차도 '이방인' 취급을 받을 때가 있다. 본인도 당황스럽고 슬픔을 넘어 분노를 표출하는 경우도 종종 본다. 고향은 어머니의 품과 같아야 한다고 생각한다. 고향으로 돌아오기까지는 많은 사연이 있었을 것이다. 특히 그 고향이 '청송'이라면 말이다.

03

귀농하면 도대체 얼마나 벌 수 있을까?

❶ '연봉 1억 원의 귀농인' 이런 이야기가 종종 언론에 보도됩니다. 귀농할 경우 어느 정도의 소득을 올릴 수 있을지 궁금해 하는 분들이 많습니다. 실제로는 어떻습니까?

'연봉 1억 원' 꿈 같은 소득을 올리는 사람들은 분명히 있습니다. 참고로 청송군의 경우 전체 농가 중에서 대략 200여 가구 정도가 연간 1억 원 이상의 소득을 올리는 걸로 알려져 있습니다. 그러나 이것은 전체 농가, 그러니까 약 5천 가구 중에서 차지하는 비율은 1퍼센트 이하에 불과하다는 사실을 놓쳐서는 안 됩니다. 우리가 어떤 분야에 있어서 모델이 되기 위해서는 물론 탁월한 성공 사례도 필요하겠지만 적어도 귀농이나 농사에 대해서는 보편성이 있어야 모델이 될 수 있다고 생각합니다.

통계청 발표에 따르면 2012년 우리나라 전체 농가 평균소득을 보면 3,103만 원입니다. 이 통계에는 수십 년 동안 농사지은 사람들과 이제 막 귀농한 사람들이 모두 포함되어 있습니다. 그렇기 때문에 연봉 1억 원이라는 과도한 환상에 너무 사로잡혀서 귀농하는 것은 곤란합니다.

❷ 현실적으로 가능한 연간 소득의 목표는 얼마일까요?

앞서 말씀드린 통계청 발표처럼 개인적으로 어떤 작물을 하더라도 3,000만 원이 가장 현실적이라고 봅니다. 왜냐하면 소득을 많이 올리기 위해서는 농지 규모가 커야 되는데 귀농인이 그런 농지를 확보하는 것은 쉽지 않습니

---

* 농가소득 산출방식은 이렇다. 농업조수입－농업경영비＝농업소득(A), 겸업수입－겸업지출＝겸업소득(B), 사업 이외의 수입(재산 · 노임 · 타인으로부터의 증여 등)(C), 농가소득＝A+B+C. 참고로, 2016년 농가소득은 37,197원이었다. 순수한 농업소득은 결코 많지 않다는 사실을 알 수 있다.

다. 확보하더라도 한 가족이 감당할 수 없는 규모이기 때문에 농가 인력을 동원하는 일은 귀농인 입장에서 결코 쉬운 일이 아닙니다.

참고로 청송군의 농가 평균 소득은 2013년에 4,600여만 원으로 집계되었습니다. 그러나 실제로 청송군의 경우 소농이 많기 때문에 이 통계가 농가 현실을 얼마나 반영하고 있는지에 대해서 의문을 갖는 분들도 있습니다. 통계청 발표에 따르면 작년 우리나라 40~50대 농가의 평균 소득이 4,600~4,700만 원 정도 된다고 하니 대략 5,000만 원 정도까지는 실현 가능한 목표가 아닐까 생각합니다.

❸ 귀농한 분들이 실제 어느 정도의 소득을 올리는지 궁금합니다. 별도의 통계는 없습니까?

청송군의 경우 이 부분에 대한 정확한 통계는 나와 있지 않습니다. 저는 그 이유를 이렇게 생각합니다. 만약 이 부분을 정확하게 집계해서 발표한다면 귀농에 대한 환상이 완전히 깨질 수 있지 않을까 하는 우려 때문입니다. 어차피 매년 농가 소득을 파악하고 있기 때문에 귀농 가구에 대한 소득 집계가 불가능한 것은 아닙니다. 다만 의지의 문제라고 봅니다. 그런데 귀농 가구에 대한 소득을 집계하려면 과수의 경우 적어도 10년 동안 소득 자료를 관리해 주어야 합니다.

왜냐하면 사과의 경우 1년생 묘목을 심었을 때, 4년 동안에는 아무 소득이 없기 때문입니다. 이 기간 동안에는 귀농 자금으로 살 수밖에 없는데 사실상 마이너스 상태에서 귀농을 시작하게 되는 겁니다. 손익분기점을 이루는 시점은 아무리 빨라도 최소한 10년은 지나야 합니다. 그러므로 귀농을 하려면 굳은 의지와 철저한 준비, 그리고 냉철한 판단을 해야 한다는 얘기입니다.

❹ '단기간에 큰 소득을 벌겠다'는 생각보다는 목표와 끈기를 갖고 도전하는 것이 중요하군요. 그렇다면 귀농인의 소득 관리, 생활 대책은 어떻게 하는 것이 좋습니까?

귀농을 하려면 초기 정착 비용이 경제적으로 큰 부담입니다. 그래서 장기 저리의 정책 자금을 잘 활용하라고 권유하는 이유가 여기에 있습니다. 빚은 절대로 지지 않겠다고 생각하는 분들이 있는데 그렇게 하다보면 정말 더 큰 빚을 질 수밖에 없습니다. 나중에는 도시로 돌아갈 수도, 농촌에 남아 있을 수도 없는 기가 막히는 상황을 초래할 수도 있습니다. 처음 귀농할 때 마련한 개인 귀농 자금은 우스운 얘기로 장롱 깊숙한 곳에 넣어 두시고, 장기 저리의 정책 자금을 잘 활용해서 안정적이고 장기적인 농업 기반을 먼저 구축해서 온전한 소득을 올릴 때까지 잘 버티셔야 합니다. 그리고 또 하나는 농사도 사업과 다르지 않습니다. 자본은 적게 투입되면서도 부가가치가 높은 작물을 선택해서 재배해야 상대적으로 짧은 시간 안에 농촌에 잘 정착할 수 있습니다.

❺ 부가가치가 높은 작물을 잘 고르는 요령과 비용을 절감하는 방법도 연구해야겠네요?

아무리 소득을 많이 올릴지라도 지출되는 경비가 많다면 별 의미가 없습니다. 앞으로 남고 뒤로 밑진다는 말이 있지 않습니까? 장기 저리의 정책 자금을 활용한다 해도

5년 거치 기간이 지나면 결국 매년 갚아 나가야 하기 때문에 다른 부분에서 경비를 절감할 수 있어야 합니다. 저도 주말농장을 했습니다만, 주말농장은 사실 농사를 연습하고 안전한 먹거리를 먹겠다는 취지가 있는데, 도시에서 왕래하는 데 드는 각종 경비를 고려하면 사실 마이너스입니다. 전업농도 마찬가집니다.

예를 들어 농가에서 많이 차지하는 비용 중에 인건비도 있지만 농약이나 퇴비 등도 있습니다. 그래서 '농약 사용량을 어떻게 하면 줄일 수 있을까, 퇴비를 어떻게 하면 저비용이나 자가 제조할 수 있을까' 이런 것을 심각하게 고민해야 됩니다.

❻ 귀농해서 온전한 소득을 올릴 때까지 상당한 기간이 필요하네요. 그 기간에 다른 일을 좀 병행하면서 소득을 올릴 수 있는 방법은 없을까요?

처음 농사를 시작하면 당장 손이 많이 가는 것은 아닙니다. 작물에 따라서 설사 그렇다 하더라도 가정에서 부부 중 어느 한쪽은 다른 일을 해서 소득을 올릴 수 있는 방법을 생각하는 것도 현실적으로 매우 바람직합니다. 그러기 위해서는 귀농하는 연령이나 시점이 조금 더 빨라져야 합니다. 가령 40대 여성분은 농촌에서 비교적 쉽게 구할 수 있는 직장 선택의 폭이 좀 있습니다. 컴퓨터 사무 처리 능력까지 있으면 상대적으로 유리합니다. 남자의 경우는 지역 형편에 따라 잘 살펴보면 단기적으로 할 수 있는 일들이 분명히 있습니다. 농촌에는 늘 일할 사람이 부족하므로 이웃의 일을 거들어주면서 일도 배우고, 그 돈으로 생활할 수도 있습니다.

특히 농사를 생각한다면 온전한 소득을 올릴 때까지 '부부가 함께 좀더 고생한다'는 마음가짐이 중요합니다. 이것이 부채를 최소화하는 현명한 선택입니다. 이제는 IMF 시대가 낳은 '묻지마식 귀농'을 생각하면 안 됩니다. 농업의 현실과 자신의 역량을 잘 판단해서 꼼꼼하게 준비해야 성공할 수 있음을 잊지 마시기 바랍니다.

귀농 Tip

몇 달 전 정착지 때문에 상담했던 분의 연락을 받았다. 고민 끝에 경남의 모 지역으로 결정했다는 것이다. 이분들은 귀농 자금이 넉넉하지 않아서 부부가 날품이라도 팔겠다는 각오를 하고 귀농했다. 자신이 처한 상황 속에서 매우 훌륭한 마음가짐이라고 생각했다. 설사 경제적 여유가 있어도 귀농 예정 지역에 와서 살면서 두루두루 경험도 쌓고 정보도 수집하다보면 좋은 길이 열릴 수 있다. 우리 농촌은 그나마 젊은 사람들을 필요로 하는 곳이 많다. 무작정 온다고 해도 그렇게 막막한 일은 아니다.

04

귀농 상담 사례(1)

❶ 오늘은 귀농 상담 사례로 귀농에 대한 이야기 나눠보겠습니다. 어떤 사례인지 소개해 주세요.

오늘의 사례는 귀농에 실패하고 다시 도시로 돌아가게 된 어떤 분의 사연입니다. 이분은 40대 초반으로 서울에서 마트를 하다가 부도가 나서 법원으로부터 개인 회생을 허가 받았습니다. 우여곡절 끝에 청송 사과가 전망이 좋다는 이야기를 듣고 사과밭을 임대해서 2년 동안 농사를 지었는데 결국 빚만 더 지고 낙심해서 다시 서울로 돌아갔습니다.

❷ 일반적으로 귀농하면 새롭고 즐거운 일상을 만날 수 있다고 착각하는 것 같습니다. 참 안타까운 사연입니다.

이분 같은 경우는 급하게 귀농한 것이 화근이 된 것 같습니다. 주변 몇몇 사람의 얘기만 듣고 귀농해서 성공한다는 것은 하늘의 별따기와 같습니다. 적어도 1~2년 정도의 준비 기간을 통해서 좋은 땅과 작물을 신중하게 선택해야 합니다. 이분처럼 밭을 임대하는 것도 한 방법이 될 수는 있지만, 특히 사과밭을 임대할 때에는 꼼꼼하게 살펴야 될 것이 많습니다.

나무의 품종이나 밭 관리 상태, 또 예년의 생산량도 생산자의 말만 듣지 말고 주변 분들의 조언과 판단을 신중하게 들어야 속지 않고 임대할 수 있습니다. 귀농인 혼자서 결정하지 말고 반드시 과수농사를 오랫동안 하신 분들과 같이 가서 이 모든 것을 종합적으로 살펴본 후에 계약을 해야 후회하는 일이 없습니다. 오늘 소개한 분은 개인회생 중인 상황이었기 때문에 마음의 여유도 없고, 또 급하게 내려온 바람에 제대로 준비하지 못한 것 같습니다. 무엇보다도 판로에 대한 부분도 애로사항이 있었던 것으로 생각됩니다.

❸ 판로에 대한 부분을 언급해 주셨는데 처음 농사를 짓는 귀농인의 입장에서 보면 상당히 중요할 것 같습니다.

판로 부분만 얘기해도 주어진 시간이 너무 짧습니다. 짧게 언급하면 어떤 작물을 하더라도 도시 소비자와 직거래할 수 있는 네트워크를 구축하는 것이 매우 중요합니다. 다시 말해 중간 유통 단계를 줄일 수만 있다면 생산자에게도 도움이 되고 소비자들도 싼 값에 농산물을 구입할 수 있으니까 서로에게 유익합니다. 특히 귀농인들은 귀농하기 전 도시에서 생활하면서 형성되었던 사회 관계망을 잘 활용할 수 있어야 합니다.

요즘은 트위터, 페이스북, 카페, 블로그가 보편화된 사회입니다. 이런 사회 관계망을 통해 농산물을 직접 마케팅하고 판매할 수 있습니다. SNS(소셜네트워크서비스)를 잘 활용하려면 귀농의 성격이 '아름다운 귀농'이 되어야 한다는 점입니다.

단순히 사회의 경쟁에 밀려난 소위 낙오자, 패배자의

개념을 안고 귀농하면 도시 생활에서 가지고 있었던 관계망이 잘 가동되지 않는 경우들을 봅니다. 그래서 주변 사람들이 보기에 자신감 있고 농사에 대한 확고한 철학을 가지고 귀농해야 기존의 관계망 속에 있는 분들도 이런 철학을 가지고 농사지은 생산물에 대해 신뢰할 것입니다. 그래서 '할 것 없으면 시골에 내려가서 농사나 짓지.' 이런 말은 절대로 하면 안 됩니다. 이런 마음으로 귀농하면 실패할 가능성이 매우 높다는 말씀을 드리고 싶습니다.

❹ 계획 농사가 가장 중요하다는 말씀이군요. 이런 분이 아니더라도 일반적으로 귀농하려면 어떤 준비를 해야 성공 귀농으로 이어지는 길이라고 말할 수 있을까요?

먼저 농사에 대한 충분한 이해가 선행되어야 합니다. 어릴 때 농촌에서 자라서 농사에 대한 경험과 지식이 있어도 그때와 지금은 또 다른 상황입니다. 요즘은 도시에도 농업기술센터는 다 있는 걸로 알고 있습니다. 1차적으로 해야 할 일은 그런 센터에서 실시하는 귀농 교육이나 농업 교육을 반드시 먼저 받는 것입니다.

그러면서 귀농에 대한 구체적인 계획들을 세우고 작물과 정착지에 대한 설계를 미리하면 안정적인 귀농의 출발이 될 것입니다. 귀농할 지역이 대략 정해지면 바로 귀농하지 말고 주말농장에서 가족들과 함께 취미 삼아 상추, 배추, 쑥갓, 시금치, 토마토 감자 등 채소부터 키우면서 소박하게 농촌 생활을 시작해 보기를 권유하고 싶습니다.

아니면 일 년에 한번 정도 그 지역에 내려와서 무작정 생활하면서 최종 결정을 하는 것도 좋은 방법입니다. 일 년 동안 농촌에서 무작정 사는 것에 대해 불안감과 거부감이 있을지 모르겠습니다. 저 또한 3년 정도 '주3일 농장' 같은 것을 경험했는데 이 기간을 통해 어떤 작물을 해야겠구나 하는 결심을 하게 되었습니다.

❺ '급히 먹는 밥이 체한다'는 말이 문득 떠오릅니다. 시간을 갖고 천천히 작물을 선택하라는 말씀인데, 어떤 면에서는 귀농 예정 지역에서 일 년 동안 살면서 결정한다는 것이 어려울 수 있지 않을까 싶습니다.

귀농을 계획하는 사람들은 대개 어떤 사연들이 있습니다.

사업에 실패했거나, 직장을 그만두었거나, 또 명예퇴직을 했거나……. 어찌 되었든 간에 귀농에 올인했다가 상황이 나빠지면 돌이키기 어려운 상황에 처할 수도 있습니다.

다른 사업과 마찬가지로 농업도 이미 투자된 자금을 회수하기가 매우 어렵습니다. 특히 귀농 지원금을 받았을 경우 5년 내에 돌아가게 되면 청송군의 경우에는 그 자금을 환수하도록 되어 있습니다. 그러므로 귀농인의 입장에서 보면 설상가상이 될 수 있습니다. '급할수록 돌아가라'는 말이 있듯이 귀농을 차근차근 진행시켜 나가는 것이 중요합니다.

가족이 다 같이 내려오는 것이 부담되면 가장만 먼저 내려와서 생활해 보는 것도 한 방법입니다. 또 바로 집을 짓거나 구입하는 방법만 고집할 필요도 없습니다. 경우에 따라서는 읍내나 면 소재지에 세를 얻어 살면서 사람들도 사귀고 필요한 정보도 얻으면 좋겠지요. 또 요즘 농촌에는 일손이 귀합니다. 여기저기에서 이런 일 저런 일을 하면서 살아보면 농사에 대한 어떤 확신이나 전망이 나올 것입니다. 이런 데 들어가는 비용을 아깝다고 생각하면 안 됩니다. 힘들면 농번기 동안만이라도 농사 현장을 경험해 보기를 권합니다.

기억하시기 바랍니다. 절반은 남게 되고 절반은 다시 돌아가든지 새로운 곳을 찾아서 떠나게 된다는 사실을. 남는다는 것이 반드시 성공을 의미하지는 않지만 그래도 남게 되는 사람은 희망이 있고 미래가 있습니다.

❻ 귀농해서 성공할 수 있는 가능성 어느 정도인가요?

귀농 성공률 혹은 정착률에 대해서 전국적으로 조사된 자료는 없는 것으로 알고 있습니다. 청송군의 경우 농민 단체에서 오랫동안 활동한 관계자의 말을 빌리면, 성공 정착률을 대략 50퍼센트 정도로 추산하고 있다는 얘기를 들었습니다. 물론 정확한 통계는 아니지만 그래도 꽤 신뢰할 만한 추정치라고 생각합니다.

참고로 전라북도 진안군의 경우 이 부분에 대해서 체계적으로 조사한 수치가 있는데 소개해 드리면, 귀농한 지 1년 만에 이주하게 되는 경우가 약 21퍼센트입니다. 2년 만에 이주하는 경우가 약 17퍼센트, 약 13퍼센트가 3년 정도 되면 이주한다고 합니다. 3년 안에 이주하는 경우도 약 51퍼센트입니다.

그리고 3년이 지나면 수치가 급격하게 낮아집니다. 대략 귀농한 지 3년 정도면 정착 여부가 판가름 납니다. 따라서 귀농한 후 3년을 잘 견디고 열심히 하는 것이 중요합니다. 물론 지역에 따라서 정착률이 10퍼센트도 안 된다고 주장하시는 분들도 있습니다. 한 가지 덧붙여 말씀드리면 귀농인을 우대해 주고, 세심한 지원과 대책이 있는 지자체를 선택하는 것도 실패의 위험성을 줄일 수 있는 한 방법입니다.

❼ 말씀 듣고 보니 신중하게 귀농을 준비해야겠다는 생각이 듭니다.

귀농을 계획 중이거나, 이미 귀농했는데 곤란한 문제가 있다면 주변 몇몇 사람들의 얘기에 현혹되지 말고 좀더 전문적이고 객관적인 자료를 가지고 상담해 주는 곳을 찾아가는 현명합니다.

귀농 Tip

필자는 방송과 귀농에 대한 칼럼이나 기사도 꾸준히 쓰고 있는데 사정상 이 책에는 소개하지 않았지만 기사가 나간 귀농인이 있었다. 그런데 여러 종편의 유명 프로그램 작가들이 전화로 그분들의 연락처를 물었다. 사정인즉, 오지로 귀농한 이분들이 귀농하기 전 아토피를 앓았는데 귀농 후에 완전히 나았다는 것이 작가들이 원하는 콘셉트였다.

실제로 우리나라 사람 가운데 아토피로 고생하는 사람들이 연간 100만 명이 넘는 것으로 보고되고 있으며 특히 3분의 2정도가 9세 이하의 어린이라고 한다. 아토피 진료비 규모도 거의 1,000억 원에 육박한다. 방학 기간을 활용한 '체류형 힐링 농장' 운영도 좋은 귀농 아이템이 될 수 있을 것이다. 임도 보고 뽕도 따는 것이다.

절반은 정착, 절반은 다시 떠나는 현실에서 귀농 실패를 피하려면…

어느 날 밤, 전화 한 통을 받았다. 40대 중반의 남성은 2년 전 귀농했다가 빚만 잔뜩 지고 농사에 대한 절망만 안고 다시 서울로 간다고 했다. 이분은 서울에서 큰 마트를 경영하다가 부도가 나는 바람에 감당할 수 없는 빚을 지게 되었고, 우여곡절 끝에 법원으로부터 개인회생 허가를 받아 실낱같은 희망을 안고 청송으로 내려와서 사과밭을 임대해 농사를 지었다.

설상가상으로 처음 귀농할 때 청송군으로부터 받은 영농 정착 지원금 400만 원도 갚아야 했다. 5년 이내 이주하게 되면 상환해야 하는 조례 때문이다. 어떤 사람은 그까짓 400만 원 할지 모르지만 개인회생에 최후의 자금까지 다 소진하고 빚만 진 상황에서는 400만 원이 4,000만 원처럼 자신을 짓누를 것이다.

나는 귀농 전문 컨설턴트도 아니고 귀농상담가도 아니다. 본의 아니게 농사를 접한 지 10년, 주말농장보다 좀 더 깊숙하게 농사에 발을 들여 놓은 지 3년, 그리고 농촌에 들어와서 귀농 목회를 한 지 불과 2년차다. 더 짧은 경력은 딱 2달 전, 내가 사는 경북 청송에서 예비 귀농인과 귀농인을 돕기 위해 작은 단체를 만들어 운영하는 정도의 경험밖에 없다. 사실 처음 단체를 만들 때는 귀농자들을 잘 도와주고 귀농인을 유치하기 위해서 나름의 역할을 할 수 있을 것이라는 기대가 있었다. 그러나 지금은 귀농하는 사람들을 은근히 말리고 있는 내 자신을 보면서 '내가 이래도 되나' 하는 혼란을 겪기도 한다. 그만큼 너무도 준비되지 않은 채 귀농을 실행하는 분들이 많기 때문이다.

3년 안에 떠나는 귀농인이 절반, 무엇부터 준비해야 할까?

청송군 농민 단체 관계자의 말에 의하면 청송군의 귀농 정착률을 50퍼센트 정도로 추산하고 있다. 그야말로 '어림잡은' 것이다. 하지만 꽤 설득력 있는 수치로 받아들여지는 것은 작년 한국농촌사회학회에서 발간한 〈농촌사회〉 학술지에 따르면 전북 지역의 한 자치단체를 조사한 경우도 3년 이내에 타 지역으로 이주하는 경우가 대략 50.8퍼센트인 것으로 조사된 바 있기 때문이다. 절반의 가능성에 무게를 두어야 할지, 절반의 위험성에 무게를 두어야 할지는 순전히 본인의 준비 여하에 달려 있다.

적어도 1~2년 정도의 충분한 준비 기간을 통해 좋은 농지를 확보하고 신중하게 작물을 선택해야 한다. 농사에 대한 이해를 충분히 가지기 위해서 지역에 있는 농촌기술센터를 꼭 찾아 가야 한다. 농촌기술센터가 멀리 있다고 생각하지 말라. 하다못해 서울에도 센터는 있다. 어릴 때 농촌에서 자라서 농촌 상황에 대한 경험과 지식이 있다고 자만하면 안 된다. 그때와 지금은 또 다른 상황이다. 그래서 1차적으로 할 일은 센터에서 실시하는 귀농 교육이나 농업 교육을 반드시 먼저 받는 것이다.

할 수만 있으면 귀농 예정 지역의 센터에서 교육받는 것도 좋다. 그래서 귀농에 대한 계획들을 구체적으로 수립하면서 작물과 지역 선택에 대한 설계를 먼저 하는 것이 좋다. 꼼꼼하고 부지런한 성격이라면 전문적인 귀농 교육 기관을 알아보고 참여하는 것도 큰 도움이 될 것이다. 지역이 대략 정해지면 바로 귀농하지 말고 주말농장이나 일 년 정도 귀농 예정 지역에 내려와서 '무작정' 생활하면서 최종 결정을 해도 늦지 않다.

나는 2,300평 규모의 밭을 한 3년 정도 '주3일 농장'으로 경험했는데 이 기간을 통해서 '어떤 작물을 해야겠구나' 하는 결심을 했다. 뿐만 아니라 주말농장 체험은 흙과 대화하고 친해지는 시기다. 농사에 대한 자신감도 키우고, 농사에 대한 자기만의 개똥철학도 세울 수 있다.

05

귀농 십계명

❶ 귀농귀촌고민센터에서 '성공적인 귀농을 위한 십계명'을 발표해 눈길을 끄는데 어떤 계기로 만들게 되었는지 궁금합니다.

귀농에 대해서 고민하는 사람들을 만나면서 귀농에 대해 잘못 생각하거나 방향을 잘못 잡고 있는 분들이 많다는 것을 알게 되었습니다. 그래서 이분들에게 뭔가 길잡이가 될 만한 지침이랄까 한눈에 쏙 들어오는 내용으로 요약해서 말씀드릴 수 있는 내용이 있으면 좋겠다, 하는 생각에서 정리해 보았습니다. 예비 귀농인에게 작은 도움이 되길 바랄 뿐입니다. 물론 제 자신이 귀농하는 과정 속에서 겪은 내용들도 포함이 되어 있습니다.

지난 일 년 동안 시간만 나면 지역에서 농사 잘 짓는 사람들을 찾아 다녔습니다. 그리고 매일같이 나의 귀농 멘토를 붙들고 묻고 또 물었습니다(나의 귀농 멘토는 20년 동안 토지 공부에 몰두하고 10년 전 귀농해서 지금 성공적으로 정착한 사람이다). 물론 십계명 안에 모든 것을 다 담을 수는 없습니다. 그저 가장 중요하다고 생각한 것들을 십계명이라는 재미에 엮혀 보았습니다.

❷ 연고가 있는 곳으로 가라.

'연고'에는 두 가지 의미가 있습니다. 하나는 고향을 떠올릴 수 있겠고 다른 하나는 아는 지인이 사는 곳, 이렇게 정의해 볼 수 있습니다. 고향은 더이상 설명하지 않아도 자기가 이미 살아 봤던 곳이니까 모든 것이 익숙합니다. 고향에 가면 친구들도 있고 일가친척들도 있으니, 농사를 짓게 되면 이분들의 도움이 절대적으로 필요합니다. 특히 귀농하는 분들은 사람을 사귀는 과정이 어렵습니다. 또 일꾼 구하기가 어렵기 때문에 고향이 이런 문제를 해결해 줄 가능성이 매우 높다고 하는 것이지요. 지인들이 있는 곳으로 가면 이분들이 여러 가지 연결고리 역할을 해줄 수 있습니다. 아무튼 '농사는 내 힘으로만 되는 것이 아니구나' 를 절대적으로 깨닫게 될 것입니다.

❸ 좋은 땅을 확보하라.*

농사는 토지가 차지하는 비중과 의미가 높을 수밖에 없습니다. 좋은 땅은 어떤 것을 심어도 잘 되고, 면역성이 좋아서 병해충에도 강합니다. 농사를 지으면서 쓸데없는 에너지를 낭비하지 않도록 땅이 농부를 많이 도와주는 것이지요. 그래서 가격을 좀 주더라도 좋은 땅을 확보하는 것이 장기적으로 볼 때 매우 중요합니다.

---

* 설사 실패하더라도 좋은 땅은 그 자체가 좋은 자산이기 때문에 처분이 용이하다는 장점이 있다.

❹ 작물 선택을 신중하게 하라.

작물은 한번 잘못 선택하면 한 해 농사를 망치게 됩니다. 그로 인해 한 3년까지는 큰 타격을 입기 때문에 신중에 신중을 기해야 합니다. 처음부터 너무 큰 욕심을 내기보다는 작은 것부터 차근차근 하는 것이 좋습니다. 손이 덜 가고 키우기 쉬운 작물을 선택하고, 차츰차츰 단위 소득이 높은 작물을 하면서 소득을 높이는 것이 성공 가능성이 높습니다. 그리고 유기농은 가격이 비싸고 인기가 높은 것은 사실이지만 실제로 농사를 지어보면 알게 됩니다. 이것은 농사의 고수들이 하는 것입니다. 먼저 관행 농법을 이해한 후에 시작하는 것이 바람직합니다.

❺ 철저한 귀농 준비를 하라.

첫째는 귀농 예정 지역 대한 정보 수집, 예를 들면 그 지역의 주력 작물에 대한 정보, 생산량이나 농가 수, 소득에 대한 정보 등 수집할 수 있는 정보력을 총동원해서 파악해 나가야 합니다. 각 지자체에서 발간하는 통계연보 같은 것도 잘 살펴보면 중요한 정보를 얻을 수 있습니다. 또 실제로 작은 텃밭이나 주말농장을 할 수 있는 적지를 물색하는 일입니다. 주말농장을 하면서 내가 농사지을 수 있는 체질인지 그리고 판로에 대한 영역들도 조금씩 확보해 가는 지혜도 필요하겠지요. 그리고 정책 자금 부분에 대해서는 특정한 지자체만 보지 말고 도 단위에서 발간하는 지자체별 귀농인에 대한 지원, 정책에 대한 소책자들이 있습니다. 이런 책자들을 잘 활용하면 귀농 후보 지역 선정에 도움이 될 것입니다.

❻ 농업기술센터의 도움을 받으라.

농업인의 인맥을 쌓는 것이 필수 항목입니다. 귀농을 결심했다면 무조건 교육 과정에 입문해야 됩니다. 교육 그 자체도 중요하지만, 여기에서 사람들을 만날 수 있다는 점입니다. 농사 경험이 풍부한 강사들을 만나서 개인적인 유대관계를 맺을 수 있습니다. 담당 공무원들과 만남이 이루어지면서 궁금한 것을 언제든지 물어볼 수 있는 채널들이 확보되기도 합니다. 또한 귀농이라는 같은 꿈을 꾸는 다양한 사람들을 만날 수 있습니다. 이분들이 '귀농 동지'들이 되는 것입니다. 어려울 때 서로 돕고 살 수 있는 관계가 형성될 수 있기 때문에 농업기술센터에서 실시하는 교육은 꼭 받는 것이 좋습니다.

❼ 농가주택을 구입하는 것이 쉽지 않다는 분들이 많습니다. 여기에 대한 해법도 십계명에 포함되어 있지요?

집과 밭이 가까워야 된다는 것은 상식입니다. 농가주택을 구하는 것이 쉽지 않아서 문제입니다. 그래서 대부분의 귀농인이 집 지을 생각을 많이 합니다. 사실 농촌에 빈집이 없는 것은 아닙니다. 하지만 기존의 농민들이 잘 팔지 않습니다. 귀농을 하고 싶어도 집을 못 구해서 난감해 하는 분들이 많고 실제로 시기를 놓치는 분들도 많습니다. 제가 한 가지 해법을 말씀드리면 처음부터 집에 대한 너무 큰 집착을 버리라는 것입니다.

실제로 농사를 짓다 보면 집보다 더 중요한 것이 '창고'에 대한 고민입니다. 농사짓는 분들은 창고에 대한 아쉬움을 많이 느낍니다. 그래서 집을 짓는 데 과도하게 매달

리기보다는 읍내에서 세를 얻거나 집을 구하는 것도 한 방법이 될 수 있습니다.

❽ '마을 이장과 친하게 지내라'는 말씀에 중요한 의미가 있는 것 같습니다.

농촌은 마을 이장을 중심으로 많은 일이 이루어집니다. 동네 일을 속속들이 잘 알고 있는 마을 이장과 잘 소통하면 유리한 점이 많습니다. 어디에 빈집이 나왔는지, 어떤 토지가 좋은지, 이런 정보는 그 지역에 수십 년을 산 이장에게 다 있다고 해도 과언이 아닙니다. 또 마을의 여론을 이끌어 가기도 합니다. 예를 들어 농촌에 살다보면 귀농한 분들에 대한 이야기가 많이 회자되거든요. 원래 사람은 남의 말 하는 걸 좋아하지 않습니까? 이런 것들을 차단하는 효과도 있습니다.

귀농 십계명

1. 연고가 있는 곳을 '귀농 1순위'에 두라.

무엇보다 고향이 좋다. 한번 살아 본 곳은 모든 것이 익숙하다. 비록 금의환향은 아니더라도 진솔하게 다가가면 따뜻하게 맞아 주는 고향 사람들이다. 농사는 내 힘으로만 되는 것이 아니다. 반드시 누군가의 도움을 받아야 한다. 고향 사람들은 큰 도움이 된다. 그러나 사정상 고향으로 갈 수 없다면 연고가 있는 곳으로 가라. 잘 아는 친지와 지인이 있는 지역으로 가면 덜 외롭고 알게 모르게 여러 가지 도움을 받을 수 있다. 농촌은 저녁이 되면 적막강산이다. 마땅히 놀러갈 곳이 없다. 그래서 아는 지인들과 자주 어울릴 수밖에 없다. 교제하다보면 농사와 관련된 것들도 배우고, 수월하게 지리적 환경이나 문화적인 특성도 받아들일 수 있다.

2. 좋은 땅이 삼성이고 현대다.

삼성 싫어하고 현대 미워하는 사람들에겐 좋은 표현이 아닐지 모르지만 비유를 하자면 그렇다는 것이다. 사람들은 흔히 대기업, 철밥통인 공무원, 신의 직장인 공공기관에 근무하는 사람들을 부러워한다. 바로 '좋은 땅이 좋은 직장'이라는 말이다. 좋은 토지는 뭘 해도 된다. 성경에서 말하는 것처럼 30배, 60배, 100배의 결실을 가져다준다.

좋은 땅은 웬만하면 농부를 배반하지 않는다. 뿐만 아니라 기본적으로 면역성이 좋아서 병해충에도 강하다. 농부의 손이 적게 가도 농사가 잘된다는 것이다. 그런데 어쩌랴, 좋은 땅은 절대로 남에게 팔지 않는다. 자기 피붙이에게 준다. 피붙이가 아니면 그 지역 사람들이 먼저 차지하기 마련이다. 그러므로 이런 땅을 차지하기 위해서는 비책이 있어야 한다. 비책을 묻기 전에 십계명을 다시 읽어보라. 이 속에 답이 있다(궁금하면 카페 방문하거나 쪽지를 보내시라).

3. 작물은 토지 조건과 함께 선택해야 한다.

농사는 한 번 망치면 적어도 1~2년은 심한 타격을 입게 되고, 농사에 대한 의욕마저 잃을 수 있다. 작물을 바꾸는 것은 여간 번거로운 것이 아니다. 비용도 만만찮다. 처음에는 쉬운 작물을 택하고 차츰 단위 소득이 높은 작물로 옮겨가는 것이 좋다.

그리고 가능하면 그 지역에서 많이 하는 작물을 선택하는 것이 여러 가지로 유리하다. 간혹 생뚱맞게 그 지역과 전혀 상관없는 작물을 심으면 어떠냐고 묻는 사람이 있다. 심는 것은 자유이지만 누구에게 농사법을 물어보며 나중에 판로는 또 어떻게 할 것인가. 자신 있으면 하고 싶은 대로 하면 된다. 또한 작물 선택에 따라 토지 조건도 달라진다는 상식을 잊으면 안 된다. 심고 싶은 작물만 고집하다가 토지 조건을 보지 못하면 농사를 망치는 수가 있다.

4. 주말농장이 아니라, '주2일' 할 수만 있다면 '주3일' 농장을 해야 한다.

귀농은 어느 날 갑자기 실행해서는 안 된다. 사전 준비가 얼마나 철저하느냐에 따라 성패가 결정된다. 먼저 작은 텃밭 정도의 땅을 확보하는 것도 한 방법이다. 흔히들 주말농장에 대한 얘기를 많이 하는데 주말농장으로 농사를 이해하거나 배운다는 것은 어불성설이다.

엄밀히 말하면 '주2일 농장'이 되어야 하고 본격적인 귀농을 앞둔 사람이라면 주3일 농장 수준으로 관심을 기울이지 않으면 농사를 제대로 배우기 힘들다는 사실을 알아야 한다. 다만 주말농장을 통해서 얻을 수 있는 교훈은 주말을 이용해서 왕래하는 동안 그 지역을 이해하게 된다는 것과 서서히 적응력을 높여가는 것이다. 비용이 많이 든다고 아까워 할 일이 결코 아니다. 좋은 토지를 고르는 안목, 작물 선택과 전망, 지역민들과의 사귐, 이 모든 것이 원활해진다. 1~2년 지나면 서서히 안목이 생긴다. 그때 땅을 사든지 본격적인 귀농을 실행에 옮겨도 결코 늦지 않다.

5. 귀농 교육은 귀농 예정 지역의 농촌기술센터에서 받으라.

귀농을 결심했다면 무조건 교육 과정에 입문해야 한다. 기왕이면 귀농 예정 지역의 농촌기술센터에서 실시하는 귀농 교육을 받는 것이 유리하다. 기본적으로 이런 교육 과정에 입문해서 얻을 수 있는 건 무엇보다도 나와 형편이 비슷하면서도 다양한 사람들을 만날 수 있다는 점이다. 특히 사람들과의 비교를 통해서 내가 가진 역량과 상황을 좀더 객관적으로 볼 수 있는 기회를 얻게 된다. 또 마음이 맞으면 동아리 모임을 통해 여러 가지 도움을 주고받는 관계로 발전할 수도 있다.

연고가 약한 귀농인이라면 이보다 더 좋은 동지를 구하기 어렵다는 사실을 알아야 한다. 이 교육 과정을 통해 강사들, 공무원들과도 사귈 수 있다. 사실 귀농의 모든 것이 여기서부터 시작된다고 해도 과언이 아니다. 농사의 기본부터 배우면서 흐름도 알고 농사에 대한 잘못된 상식도 교정받을 수 있는 절호의 기회임을 잊지 마라. 역시 경비가 많이 든다고 생각할지 모르지만 알고 보면 돈과 시간, 모든 것을 절약할 수 있는 방법이다.

6. 지역마다 귀농장려정책이 다르다.

정책제도를 많이 알면 보다 합리적인 귀농 계획을 세울 수 있다. 지자체의 형편과 사정에 따라 보조금 지원, 농가

주택 건축, 수리 등 지원정책이 다 다르다. 지역에 따라서 귀농인을 적극적으로 유치하기 위해 좋은 조건을 제시하는 곳이 있다. 힘들게 여기저기 알아볼 것이 아니라 도 단위에서 발간하는 지자체별로 귀농 정책을 비교해 놓은 책자가 있다. 이런 것을 구해서 읽고 심층적으로 알아 가면 된다.

7. 농기계, 농기구 등 영농 장비에 대한 공부를 미리 하자.

농촌에서 큰소리치는 사람은 이장 외에도 여럿이 있는데 그중에 한 사람이 농기계를 소유하고 능숙하게 다루는 사람이다. 귀농인이 이런 사람들의 도움을 받으려고 하면 사실 하늘의 별따기와 같다. 할 수만 있으면 농기계의 기본적인 구조와 조작법에 대해 미리 알아두는 것이 좋다. 내가 바쁠 땐 남도 바쁘다. 급할 때에는 농촌기술센터에서 농기계를 임대해서 직접 할 수도 있어야 한다.

8. 농가주택, 꼭 짓는다고만 생각하지 마라.

내가 겪은 농촌 사람들은 빈집이 있어도 잘 팔지 않는다. 의외로 외지 사람들 들어오는 걸 반기는 분위기도 아니다. 자금이 넉넉하면 토지 구해서 지으면 된다(그러나 내 돈으로 짓지 말고 귀농인을 위한 정책 자금을 잘 활용해야 하는데 대부분 1-2월에 신청할 수 있다. 이 시기 놓치면 내년을 기다리든지 생돈 들여서 지어야 한다). 그럴 형편이 아니면 아주 허름한 집을 구해서 개보수하면 된다. 이것도 정책 자금을 알아봐야 한다. 읍내에 있는 아파트나 빌라, 세를 얻는 방법도 있다. 밭에 컨테이너 한두 개 놓고 바쁠 때에는 여기서 생활하면서 일하는 것이 경제적일 수 있다.

9. 집과 밭은 가까워야 한다.

밭이 멀면 자주 가기 힘들고 관리가 제대로 안 된다. 잡초는 제때 제거하지 않으면 금방 무성해지고 산 쪽에 붙은 밭은 뱀 때문에 들어가는 것도 무서워진다. 또 나이들면 왔다갔다하는 것도 귀찮고 힘들게 느껴진다. 아무리 멀어도 30분은 넘지 않는 거리에 있어야 한다. 예비 귀농인은 이렇게 생각할 것이다. '왜 그렇게 먼 데 밭을 구했지?' 하지만 막상 땅을 구해 보라. 대문 열고 걸어 갈 수 있는 곳에 밭이 있는 사람은 토박이뿐이라는 사실을 금방 알 것이다.

– KBS와 인터뷰 중인 저자

10. 부지런함을 훈련해야 한다.

농촌에서의 하루는 얼마나 빨리 가는 지 모른다. 점심 먹고 나면 사실 일할 수 있는 시간이 많지 않다. 일찍 서두르지 않으면 하루 작업량이 의외로 적다. 특히 농사에 익숙하지 않은 귀농인은 아무리 열심히 해도 능률이 오르지 않는다. 그래도 농장에서 버텨야 한다. 놀아도 농장에서 놀아야 한다.

새벽에 반(半) 일 한다는 말이 있는 것처럼 아침 이른 시간을 잘 활용하는 것도 중요하다.

06

귀농 멘토

❶ '멘토'는 현명하고 신뢰할 수 있는 지도자 혹은 스승의 의미로 많이 쓰이는데, 귀농 멘토라면 농업을 도와주는 스승으로 해석할 수 있을 것 같습니다.

초보 귀농인이 좋은 귀농 멘토를 만나는 것은 축복과 같습니다. 농촌에 잘 정착하기 위해서는 본인의 노력도 중요하지만 주변 사람들의 도움을 받아야 하는데, 그중에서도 귀농 멘토의 역할이 중요합니다. 귀농 멘토는 '귀농 준비 단계에서부터 토지를 물색하고 작물을 선택하고 또 영농 기술의 전수를 돕기도 하고, 아직 익숙하지 않은 농촌 생활의 전반적인 부분에서 상담과 자문 그리고 필요한 지도를 하는 사람'이라고 정의할 수 있습니다.

❷ 아무것도 모르는 상태에서 귀농 멘토는 현실적으로, 마음적으로 큰 도움이 될 것 같습니다. 그만큼 농사를 시작하는 사람들에게 중요한 역할이 될 것 같은데, 어떤 분들이 귀농 멘토가 될 수 있을까요?

두 가지로 말씀드릴 수 있습니다. 첫째는 먼저 귀농한 선배 귀농인이 그 역할을 감당할 수 있겠고, 둘째는 지역 농업인 중에서 소위 선도농가라는 분들이 있습니다. 이분들은 지역 사정에 밝고 영농기술이 풍부하기 때문에 초보 귀농인이 이런 분들을 모델로 삼고 잘 배우면 좋을 것입니다. 선배 귀농인은 그 누구보다도 초보 귀농인의 사정을 잘 알기 때문에 정착 초기의 시행착오를 줄이는 데 매우 중요한 역할을 할 것입니다.

또 선도농가라고 불리는 분들도 처음부터 성공한 것이 아니라 많은 실패와 시행착오를 거쳐서 지금에 이르렀기 때문에 초보 귀농인이 귀를 기울이고 배우면 비용이나 시간적인 면에서 많은 유익을 얻을 수 있습니다.

❸ 귀농 멘토를 여러 명을 두는 것이 유리할 수 있겠군요?

역할에 따라서는 한 분이 아니라 두세 분이 그 역할을 할 수도 있습니다. 예를 들면 농지를 구할 때 그 지역 농지 사정에 밝은 분, 이를테면 굴삭기 기사들입니다. 이들은 굴삭기로 주로 밭 작업을 많이 하는데 토지의 속사정을 잘 알고 있습니다.

누구 밭이 혹은 어떤 밭이 어떤 작물을 하는 데 유리하다든지, 수확량에 대해서도 정보를 가지고 있는 분들이죠. 사실 저희 단체에서 각 지역의 이런 분들과 연계되어 있습니다. 그래서 초보 귀농인이 토지를 선택할 때 이런 정보를 제공하고 있습니다. 그런데 영농 기술적인 부분에서는 한 분 정도의 귀농 멘토를 정하시는 것이 행복한 귀농의 길입니다.

왜냐하면 농업에 종사하는 분들은 농사에 관한 고집이 대단합니다. 그래서 귀농 멘토를 여러 명 두면 자칫 혼란을 겪을 수 있습니다. 자기만의 농사법이 다 다르기 때문에 초보 귀농인 입장에서는 갈팡질팡할 수 있습니다. 그래서 성품 좋고 분명한 농사 철학을 가진 한 분을 잘 선택하는 지혜가 필요합니다. 귀농 멘토를 잘 두면 나중에 판로 부분에서도 도움을 받을 수 있습니다.

❹ '청송귀농귀촌고민센터'를 통해 귀농 멘토를 만날 수도 있습니까?

귀농을 준비할 때 귀농 교육을 받는 것이 중요하다고 거듭 말씀드렸습니다. 귀농 교육을 받을 때 선도농가에 해당되는 분들이 강의하고 그분들의 농장을 견학합니다. 이런 교육이나 견학을 할 때, 연락처를 알아내서 궁금한 부분을 수시로 물어볼 수 있는 관계를 형성한다면 실제적인 도움이 될 것입니다.

저희 센터에서는 귀농 멘토가 될 만한 분들의 명단을 작물별, 면 단위별로 확보하고 있습니다. 단순히 그냥 주변에서 먼저 농사를 짓는 분들을 직접 연결하기보다는 농업기술센터나 저희 같은 단체를 통해서 소개받으면 훨씬 더 안정적으로 농업에 입문할 수 있습니다.

❺ 귀농 멘토를 정하는 데 주의해야 할 점은 무엇인가요?

센터나 단체의 추천이 아니라 개인적으로 귀농 멘토를 정하실 때 기본적으로 살펴볼 부분은 귀농 멘토의 영농 일지입니다. 웬만한 농부들은 기본적으로 영농 일지를 작성합니다. 작성하는 방식이나 내용에 따라 그 사람의 농사에 대한 태도나 기술을 알 수 있습니다. 영농 일지 속에 자신의 모든 농사 정보를 잘 기록한 분들이 결국 농사를 잘 짓게 되어 있습니다. 이런 부분을 잘 살피고 귀농 멘토로 정하면 시행착오를 많이 줄일 수 있습니다.

귀농 멘토가 필요한 다섯 가지 이유

2012년 농촌지도학회에서 예비 귀농인을 대상으로 조사한 바에 따르면 귀농 시 기대하는 소득이 23.1퍼센트가 3천만 원 미만, 3천~4천 5백만 원은 34.6퍼센트, 4천 5백만 원~7천 5백만 원은 23.1퍼센트, 7천 5백만 원 이상의 소득을 기대하는 사람들도 19.1퍼센트로 나타났다. 어림잡아 77퍼센트가 3천만 원 이상의 소득을 기대한다는 것이다. 그야말로 기대치다. 농민들이 들으면 고개를 흔들 일이다. 왜냐하면 작년 기준 전국 농가 평균 소득이 3,103만 원에 불과했기 때문이다. 물론 귀농인이 수십 년 동안 농사를 지어온 농민들보다 더 큰 소득을 올리지 못한다는 법은 없다.

그러나 현실적으로 쉽지 않은 건 사실이고 여러 가지

조건이 충족될 때 가능한 일이다. 그 조건 중 하나가 '귀농 멘토'를 잘 만나는 것이다. 사람이 일생에 있어 좋은 스승을 만나는 것은 행복한 일이 아닐 수 없다. 좋은 스승은 귀농에서도 만나야 한다. 좋은 귀농 멘토를 왜 만나야 하며 어떤 유익이 있는지 다섯 가지로 간추려 소개해 본다.

1. 몇 번의 실패 경험이 있다.

"실패는 성공의 어머니"라는 격언이 있듯이 농민들은 많은 실패 경험이 있다. 작물의 선택에서부터 그 흔한 풀 관리며, 윤작과 혼작, 관수 등 지금의 농작물을 재배하기까지 수많은 시행착오를 겪으면서 오늘에 이른 것이다. 귀농인은 이들의 실패담에 귀 기울여야 한다.

2. 좋은 토지를 보는 안목이 있다.

유능한 농부는 좋은 토지는 한눈에 알아본다. 그들은 평생 좋은 땅을 얻기 위해서 혹은 만들기 위해서 몸부림치면서 살아온 사람들이다. 그래서 좋은 토지는 남에게 쉽게 내주지 않는 법이다. 심지어 도회지에 있는 자녀들

조차 늙어 힘에 겨워 농사를 짓지 못하는 부모에게 땅을 팔지 말라고 압력을 넣는다. 뿐만 아니라 유능한 농부는 흙의 빛깔만 봐도 영양 상태와 배수 상태를 짐작할 수 있다. 귀농인은 땅 구하러 다닐 때 귀농 멘토와 동행하면 반드시 득이 된다.

3. 농사 기술은 아무에게나 가르쳐 주지 않는다.

예로부터 비방은 아무에게나 가르쳐 주지 않는 법이다. 농사에 무슨 비방이 있으랴 생각할지 모르지만 그 흔한 농사법도 막상 귀농인에겐 알토란 같은 지식이 아닐 수 없다. 간혹 농장 견학을 가지만 중요한 얘기는 건성으로 하는 경우도 허다하다. 입장을 바꿔 생각하면 피땀 흘려 일군 농사를 피붙이도 아닌 사람에게 미주알고주알 다 얘기해야 될 필요성도 없기 때문에 이해할 일이다. 그러나 귀농인은 묻고 또 물어야 한다. 친절한 귀농 멘토를 얻는 것이 그래서 중요하다.

4. 병해충에 대한 진단과 대책이 있다.

귀농인에게 가장 약한 부분을 꼽으라고 한다면 바로 병해충이다. 농사에 관해 까막눈과 같은 귀농인은 이게 무슨 병인지, 어떻게 대처해야 되는지 알 길이 없다. 책에서 봤다고 현장에서 다 이해되는 것도 아니다. 그저 농약상에게 대충 말하고 주는 약을 대충 치는 일이 허다하다. 그래서 비용을 낭비할 때가 많다. 병해충은 특히 귀농 멘토에게 정확한 진단을 받아야 비용도 절감하고 소득을 향상시킬 수 있다.

5. 인적 네트워크가 있다.

요즘 농촌에서 일꾼 구하는 일이 보통 어려운 것이 아니다. 그렇다고 애써 키운 작물을 수확 시기를 놓쳐서 잃어버릴 수는 없는 일이다. 더구나 귀농인은 수년이 지나도 그 지역에서는 여전히 이방인이라서 쉽게 일꾼을 구할 수 없다. 따라서 귀농 멘토의 도움을 받아야 한다. 귀농 멘토는 어떻게든 사람을 연결시켜 줄 수 있는 능력이 있는 사람이다.

끝으로 귀농 멘토는 반드시 토박이 농사꾼일 필요는 없

다. 경우에 따라서는 먼저 귀농한 선배 귀농인이 될 수도 있고 농사짓는 부모님이 되는 것도 자연스럽다. 중요한 것은 내 일처럼 신경 써줄 수 있는 좋은 관계를 가진 그런 사람이어야 한다.

07

귀농 교육

❶ 귀농에 보다 체계적으로 접근하기 위해서는 먼저 귀농 교육을 받는 것이 중요합니다. 전국적으로 귀농 교육을 실시하는 기관이나 단체들을 소개해 주세요?

귀농 교육은 전국적으로 있는 농업기술센터에서 실시하고 있습니다. 민간에서 전문적으로 귀농 교육을 하는 곳은 대략 10여 곳입니다. 대표적인 기관이 전국귀농운동본부입니다. 이 외에도 부산, 경남, 대구, 광주 같은 도시에 귀농학교들이 있습니다. 또 요즈음에는 종교기관에서도 귀농 교육을 많이 실시하고 있습니다.

자신의 성향에 따라서 편안하게 선택하시면 되겠습니다. 얼마 전 뉴스를 통해 우리 지역에 있는 대학의 평생교육원에서 귀농 교육 과정으로 양봉 과정을 개설했다는 소식을 들었습니다. 굉장히 바람직한 방향하고 좋은 기회가 될 것 같습니다.

❷ 귀농 교육기관이나 교육 프로그램을 어떤 기준으로 선택하는 것이 좋습니까?

귀농 교육기관과 프로그램들이 많이 있지만 자신에게 맞는 기관과 프로그램을 선택할 수 있는 지혜가 필요합니다. 귀농 교육에도 초등학교 과정, 중고등학교 과정 같은 레벨의 차이가 있습니다.

예를 들어 '유기농'에 대한 것은 고등학교 과정에 해당되는 비교적 상위 레벨에 속하기 때문에 예비 귀농인의 입장에서 공부하다보면 이해가 잘 안 되는 부분이 있기 때문에 주의가 필요합니다. 참고로 농촌기술진흥청 조사에 의하면 귀농인들 중에 약 24퍼센트 정도는 도시에서 태어나 도시에서 자라고 농촌으로 귀농하는 소위 'I자형' 이라고 합니다. 여기에 해당하는 사람은 무조건 기초 교육 과정부터 시작하는 것이 좋습니다. 그리고 귀농 교육을 마치면 3박 4일 혹은 4박 5일 일정으로 이루어지는 '귀농 인턴십 과정'이 있습니다. 이 과정을 통해 농가에서 생활하면서 영농 체험을 하는 것도 큰 도움이 될 것입니다.

❸ '청송귀농귀촌고민센터'에서 귀농 교육을 연다고 들었습니다.

저희 단체에서는 처음으로 1일 귀농 교육을 실시했습니다. 하루 동안에 이루어지는 교육이기 때문에 모든 것을 다 담아낼 수는 없었습니다. 저희들이 중요하게 생각하는 부분은 예비 귀농인과 먼저 귀농한 분들의 만남을 주선하는 것입니다.

예비 귀농인이 평소 궁금했던 부분들을 중심으로 질의, 응답하는 시간과 선배 귀농인이 예비 귀농인에게 당부하고 싶은 얘기들을 들려주는 시간을 통해서 맞춤형 귀농 교육이 될 수 있도록 매달 특색 있고 차별화된 교육 과정을 진행할 계획을 가지고 있습니다.

❹ 필요한 알짜 정보들을 얻을 수 있는 의미 있는 수업이 될 것 같습니다. 청송 사과 축제 기간에 '청송군 사과왕'으로 선발된 분이 귀농인이라고 해서 눈길을 끌었습니다.

얼마 전에 청송 사과 축제 기간에 사과왕 선발대회가 있었습니다. 말씀하신대로 아주 오랜전에 귀농한 분입니다. 요즘처럼 본격적인 '귀농 붐'이 일어나기 전에 비교적 일찍 귀농한 경우입니다. 많은 얘기 가운데 이런 질문을 했습니다.

"사과왕으로 뽑히게 된 비결이 뭡니까? 재배 비법 같은 것이 있습니까?"

"특별할 것은 없고 농촌기술센터에서 지도한 대로 했습니다."

❺ 귀농에 있어 교육이 정말 중요하고 큰 부분을 차지하네요?

마치 수능 만점을 맞은 학생이 '교과서만으로 공부했어요'라는 답변이 연상됩니다. 하지만 저는 이것이 귀농인의 강점이라고 생각합니다. 귀농인은 농사에 대해 스스로 잘 모른다고 생각하기 때문에 교육을 받으면 스펀지처럼 흡수를 잘합니다.

그러나 기존의 농민들은 그동안에 축적된 경험과 자기 주관이 강하기 때문에 오히려 약점이 될 수 있습니다. 그렇기 때문에 귀농인이든 기존의 농민이든 늘 새로운 정보와 농사법에 대해 배우고자 하는 열린 마음이 필요합니다.

고민되는 농가주택
어떻게 할까?

귀농 · 귀촌해서 주택을 짓는 일은 여간 신경이 쓰이는 일이 아니다. 무슨 대궐을 짓는 양 온갖 사람을 만나고 정보를 수집한다고 야단법석이다. 그러나 막상 농촌에 와서 주변의 다른 집들에 비해서 유별나게 짓는 것도 괜한 눈총을 받을까 두려운 마음이 드는 것도 사실이고 그렇다고 한번 짓는 집인데 아무렇게나 지을 수도 없는 노릇이다.

하지만 귀농해서 시간이 조금만 지나도 집 짓는 일보다 창고 짓는 일이 더 중요하다는 것을 깨닫게 된다. 그러므로 주택에 너무 많은 투자를 할 필요는 없다고 본다. 다만 자기 취향과 예산에 맞게 알뜰하게 건축하면 될 일이다. 물론 이때에도 '귀농 멘토'의 자문을 받는 것이 여러모로 유익한 점이 많다는 사실을 명심하라. 또 양심적인 건축

업자를 만나는 것도 축복이다. 건축에 조금이라도 관여해 보거나 건물을 지어본 경험이 있는 사람이라면 좋은 건축 업자를 만나는 것이 얼마나 귀한 일인지 알 것이다. 건축 과정은 물론이거니와 소소한 뒷마무리 때문에 얼마나 실랑이를 벌여야 하는지 정말 피곤할 때가 많이 있다.

최근의 농가주택 트렌드를 보면 ALC 주택을 선호하는 경향이 있어 잠시 소개하고자 한다.

ALC 주택은 60~70년 전 스웨덴에서 처음 개발되어 독일을 비롯해서 유럽에 많이 보급되었다. 특히 일본에서는 지진 실험에서 다른 자재보다 우수하다는 것이 검증되었으며 국내에도 약 15년 전부터 주로 칸막이 용도로 보급되기 시작했다. 그런데 최근 몇 년 사이에 전원주택을 비롯해서 어린이집, 펜션, 종합병원, 대형마트 건축에 사용되고 있는 실정이다.

ALC 주택은 충분한 건축 경험을 가진 신뢰할 만한 업체를 만나지 못하면 자칫 하자가 발생할 수 있다. 특히 습도 조절에 대한 시공 노하우가 없으면 건축 후에 하자 발생의 원인이 되므로 업체 선정에 주의가 요구된다. 또 시공 업체 관계자의 말을 빌리면 ALC 공법은 지붕 패널도 같은 자재를 사용해야 단열 효과를 제대로 볼 수 있다고 한다. 저렴한 자재에 현혹되면 결국 문제가 된다는 말이다.

08

새로운 귀농 아이템을 잡아라

❶ ‘새로운 귀농 아이템을 잡아라.’ 귀농에도 새로운 아이템이 필요한 이유는 무엇일까요?

새로운 아이템을 이야기하기 전에 우리 사회에서 귀농이 사회적 흐름으로 자리잡게 된 역사를 먼저 짚어볼 필요가 있습니다. IMF 외환위기를 겪기 이전에도 귀농한 사람들이 있었지만, IMF를 기점으로 귀농에 대한 관심이 높아지고 실제로 귀농을 실행하시는 사람들이 많아졌습니다. 그러나 이 시기에 귀농한 사람들은 대부분 준비되지 않은 상태에서 떠밀리다시피 귀농했기 때문에 많은 실패를 경험해야 했습니다. 그래서 몇 년 동안 귀농 인구가 소강상태를 보이기도 했습니다. 그러다가 2004년부터 다시 증가폭이 커지기 시작해서 2011년에는 귀농 1만 가구를 돌파하게 되었고, 2012년에는 도시 인구보다 비도시 인구가 더 많아지게 된 상황까지 오게 되었습니다.

하지만 귀농 가구의 증가에도 불구하고 그 내면을 살펴보면 절반 이상이 소위 경종 작물, 소득 규모가 빈약한 구조를 가지고 있습니다. 이제부터 귀농을 계획하는 분들이나 이미 귀농한 분들이라도 새로운 아이템이 아니면 실제로 귀농해서 만족스러운 소득을 올리는 데는 한계가 있다는 것입니다.

❷ 고소득을 올릴 수 있는 방법에 대한 고민이 필요한 시점입니다. 새로운 귀농 아이템으로는 어떤 것들이 있습니까?

크게 봐서 현실성 있는 세 가지 정도의 아이템을 말씀드리겠습니다. 첫째는 체험 농장에서 힐링 농장으로의 전환을 꿈꾸는 것입니다. 둘째는 농업의 종합예술이라고 할 수 있는 6차 산업에 눈을 뜰 필요가 있습니다. 마지막으로 귀농에 관심 있는 분들과 좀더 조직적으로 결합하거나 연대해서 집단 귀농 혹은 귀농 마을 만들기입니다. 아울러 필요하면 협동조합 같은 것을 만들어서 경제 공동체에 대한 구상도 새로운 귀농 아이템이 될 것입니다.

❸ 체험 농장에서 힐링 농장으로의 전환은 어떤 개념입니까?

체험 농장은 도시민들이 1박 2일 또는 2박 3일 정도 머물면서 밭을 가꾸고, 작물을 채취하고, 농촌 생활을 경험하면서 휴식을 취하는 개념이라면, 힐링 농장은 체험적 요소에 치유적 요소를 가미하는 것입니다. 요즘에는 원예치료라는 것도 있는데요. 힐링 농장은 이런 것보다 훨씬 더 근본적이고 포괄적인 개념입니다. 흙을 만지고 노동을 하면서 신선한 공기와 유기농으로 재배한 채소와 음식을 먹고, 저녁에는 명상으로 자기 자신을 돌아보는 프로그램 같은 형태입니다. 또 여기에 주변의 관광자원과 잘 결합하면 훌륭한 소득원으로 연결시킬 수 있지 않을까 생각합니다.

6차 산업도 이런 것과 비슷합니다. 작물을 생산하고 가공하고 서비스와 판매, 유통이 결합된 것이 6차 산업의 간단한 개념입니다.

❹ '귀농 마을 만들기' 역시 생소하고 쉽지 않아 보이는데 어떻습니까?

아마 생소하게 들릴 것입니다. 이와 유사한 사업 형태가 이미 1980년대부터 시작되었습니다. 십수년 전에 저는 영주에 살았습니다. 그때 '○○ 마을'이라고 해서 작지만 집단적이고 새로운 마을 하나가 만들어진 것을 본적이 있습니다. 지금도 한국농어촌공사*에서는 최소 20가구 정도가 집단 귀농해서 마을을 구성하다면 필요한 자금과 공동생활 시설을 지원해 준다고 합니다. 도시로 말하자면 자그마한 신도시 하나가 만들어지는 것입니다. 생산과 가공과 판매와 관광을 염두에 둔 조직적이고 계획적인 마을 하나가 만들어지면 그 자체만으로 상당히 볼거리가 되고 창조적인 실험 마을이 될 것 같습니다.

---

* 한국농어촌공사 홈페이지(www.ekr.or.kr) 전원마을 조성 사업 참고

❺ 우리가 기존에 알았던 귀농이 지극히 개인적이고 소박했다면, 앞으로의 귀농은 기업형이 되지 않을까 예상이 됩니다.

2013년 농촌지도학회에서 발표한 귀농 형태에 대한 보고서 의하면 귀농 형태를 보면 기업가형의 귀농이 36퍼센트, 소박한 꿈을 가지고 귀농하신 분들이 37퍼센트, 그리고 영농승계형은 8퍼센트 조금 넘는 것으로 조사되었습니다. 현재 귀농의 체질, 형태가 바뀌고 있습니다. 따라서 귀농을 꿈꾸는 사람들은 치밀한 계획과 준비가 필요합니다. 이미 귀농한 분들도 향후 10년 이상을 내다보고 농촌에서의 삶의 방향을 다시 한 번 검토하는 것이 필요하리라 여겨집니다.

09

귀농 상담 사례(2)

❶ 귀농 상담 사례를 중심으로 이야기 나누겠습니다. 실제 상담 사연부터 먼저 소개해 주세요.

바둑에서 '장고 끝에 악수를 둔다'는 말이 있습니다. 귀농에 대해서 많이 고민하고 마음의 준비를 했다가 정작 결정할 때는 무엇에 홀린 사람처럼 성급하게 결정합니다. 그리고 나서 금방 후회합니다. 상담을 의뢰하신 분은 4,000평의 사과밭을 2억 5천만 원에 샀는데 과수나무가 약 1,100주 정도 됩니다. 그런데 전 농장주가 5,000상자 정도까지 수확할 수 있다고 생산량을 부풀려서 판 것입니다. 구매한 예비 귀농인이 주변 사람들로부터 과원 상태에 비해서 비싸게 샀을 뿐만 아니라 생산량도 터무니없이 부풀려졌다는 사실을 뒤늦게 알게 되면서 저희 단체에 상담을 의뢰한 경우입니다.

❷ 좋은 과수원을 고르는 요령과 기준은 어떤 것들이 있을까요?

청송 사과가 유명하지만 청송 안에서도 지역에 따라 기후 조건이나 표고가 다 다릅니다. 같은 지역에서도 과수원 관리 상태, 재배 방법에 따라 사과 맛 또한 다릅니다. 그래서 과수원이 매물로 나왔을 때 입지 조건, 나무의 상태 등을 꼼꼼하게 체크하고 잘 판단해야 합니다. 같은 지역의 사과라도 택배로 출하하기 곤란한 과수원이 있습니다. 이럴 경우에는 대부분 공판장에서 판매해야 합니다. 그러면 소득에 있어서 차이가 날 수밖에 없지요. 어렵게 귀농했는데 기왕이면 소득이 높은 택배 출하를 할 수 있는 사과 재배를 해야 하지 않겠습니까.

❸ 정말 속속들이 잘 따져보고 결정해야겠습니다. 택배 출하와 공판장에 파는 사과의 차이점이 무엇이며, 어떤 의미가 있습니까?

쉽게 얘기하면 택배 출하하는 사과는 기본적으로 맛이 좋을 뿐만 아니라 그 품질이 일정해야 합니다. 그렇지 않으면 고객관리가 되지 않겠지요. 공판장에 출하하는 사과는 두 가지 경우입니다. 하나는 농장주가 창고가 없어서 장기간 보관이 어렵기 때문이고, 다른 하나는 소비자를 직접 상대했을 때 맛에 대한 자신이 없기 때문입니다. 그래서 택배 출하를 하려면 반드시 창고는 있어야 하고, 귀농 소요 자금 또한 많이 필요하게 됩니다. 수익 면에서는 택배 출하가 공판장 출하보다 대략 30퍼센트 정도 수익이 더 난다고 보면 됩니다. 귀농해서 사과 농사를 생각하는 분들은 이런 부분을 염두에 두시기 바랍니다.

❹ 귀농 멘토가 반드시 필요하다는 생각이 듭니다. 이런 일들 이 반복되지 않으려면 어떤 부분을 유의해야 할까요?

귀농인들 대부분이 자금이 넉넉하지 않습니다. 뒤집어 말하면, 귀농하는 데 소요되는 비용을 너무 모른다는 것입니다. 과수 농사를 생각하고 귀농했다면 가장 비용이 많이 드는 농사를 선택한 것입니다. 과수 농사는 과수원도 사야 하고, 사례에서 소개한 분의 경우처럼 4,000평이 넘어가면 보관 창고도 필수입니다. 그 외에 각종 농기계와 농가주택을 구입하거나 신축하는 데 최소한 총비용이 5억 원 이상이 있어야 합니다. 그래서 자신의 자금 동원 능력과 귀농 자금에 대한 활용 계획을 잘 세우셔야 합니다.

참고로 최근 한 조사 보고서에 따르면, 귀농 자금이 1억 원 이상 되는 사람들이 20퍼센트 정도, 5천만 원 이하의 자금을 가지고 귀농하는 사람들이 50퍼센트 정도였습니다. 우리 사회에서 귀농하는 사람들이 그만큼 영세한 상황에서 출발한다고 볼 수 있습니다.

❺ 최소 자본으로 최대의 효과까지는 아니더라도, 플러스 요인들을 분명히 생각해야 할 것 같습니다.

과수원을 살 때는 주위에 있는 전문가에게 꼭 자문을 받아야 합니다. 앞서 소개한 조사 보고서에 따르면 '귀농 시 가장 큰 영향을 준 사람이 누구인가'라는 질문에 전문가라고 할 수 있는 '농업 관련 공무원이나 직원이다'라고 답변한 경우가 고작 1.6퍼센트에 불과했습니다.

이건 우리 귀농인들이 영세할 뿐만 아니라 매우 불안정한 상태에서 출발한다는 의미입니다. 반면에 부모나 배우자가 차지하는 비중이 약 52퍼센트로 나타났습니다. 그만큼 진정한 귀농을 위해서 가족 간의 합의와 동의를 만들어 가야 하는데 이 과정이 쉽지 않습니다. 가족 간의 합의를 만들어 가는 과정 속에서 현지에서 영농 경험이 많은 사람과 귀농 단체, 농업 관련 업무에 밝은 전문가들의 의견을 잘 듣고 실현 가능한 귀농 계획을 세우셔야 합니다.

방송에서 못 다한 이야기

"믿는 도끼에 발등 찍힌다"는 속담이 있다. 믿었던 사람에게서 당하는 일종의 배신감 같은 것을 두고 하는 말일 것이다. 농장을 사는 일은 매우 신중한 선택이 되어야 한다. "아는 사람이 더 무섭다"는 말도 있다. 조금만 여유를 가지고 주변 사람들에게 정보를 구하면 과수원을 제대로 평가할 수 있다. 적정한 가격인지 과수원에 투입된 비료며 퇴비는 어느 정도인지 알 수 있다. (예비) 귀농인이 과수원을 사야 된다는 생각에 너무 몰입하면 평정심을 잃을 수 있다. 올바른 판단을 하지 못하게 되는 것이다. 귀농 멘토가 없다면 냉철하게 판단해 줄 귀농 단체의 도움을 받는 것도 좋다.

10

협동조합

❶ 청송 귀농인들이 보내는 크리스마스 분위기는 어떻습니까?

도시에서의 크리스마스는 많이 분주하고 요란했다면 농촌에서 맞이하는 크리스마스는 차분한 편입니다. 그 가운데서도 재미있는 시간들을 보내는 귀농인도 있습니다. 저도 어제 이웃 교회의 성탄전야 행사에 초대받아 갔습니다. 그 동네 귀농 · 귀촌인들과 떡국도 먹고 좋은 구경도 하면서 올해 수확에 대해 의견도 나누고 내년 농사에 대한 전망도 애기했습니다.

❷ 귀농인들이 생각하는 내년 농사 전망은 어떻습니까?

사실 내년 농사에 대해 걱정하는 분위기가 팽배합니다. 청송은 사과 농사를 많이 짓기 때문에 어딜 가나 사과 얘기가 주를 이룹니다. 특히 2013년은 전반적으로 농사가 풍작이었기 때문에 오히려 농민들은 어떤 작물이든 대체로 좋은 가격을 받지 못했습니다. 문제는 내년입니다. 사과는 해마다 생산량이 늘어나는데 내년에도 지금과 같은 분위기가 이어진다면 귀농인들은 상당히 타격을 많이 받을 것 같습니다. 그중에서도 2,000평 내외의 소규모 농장이나 자본 여력이 많지 않은 분들이 사실 걱정이 됩니다. 기존의 농민들은 지금까지 많은 우여곡절을 겪었기 때문에 조금은 덜하겠지만, 귀농인들은 어려운 상황이 연속되면 심리적으로도 불안하고 가족 간에 불화도 생기고 어려움을 겪을 수 있습니다.

❸ 어떻게 위기를 헤쳐 나가야 할까요?

개인적으로는 농사의 기본기를 다시 다지는 기회로 삼아야 한다고 생각합니다. 지금처럼 조금 덜 바쁠 때 농사 잘 짓는 분들 찾아다니면서 평소에 궁금했던 것들을 물으면서 농사에 대한 지식과 기술을 계속 쌓아 나가야 합니다.

그리고 한편으로는 귀농인들이 서로 힘을 모아야 합니다. 요즘에는 협동조합을 설립하는 요건이 많이 완화되었고 간편해졌기 때문에 같은 작물을 하는 귀농인들끼리 연대해서 자기 작물에 대한 브랜드를 만들어 가는 지혜가 필요합니다. 협동조합은 꼭 현금이 아니더라도 현물로도 출자가 가능하기 때문에 조금씩 힘을 모으면 되지 않을까 싶습니다.

❹ 협동조합 설립에 관한 말씀을 하셨는데요. 귀농인이 한 번쯤 깊이 생각해 볼 조직체라고 생각됩니다.

그렇습니다. 특히 2013년 12월은 협동조합기본법이 시행된 지 만 1년이 되는 시점입니다. 그동안 특별법에 의해서 설립이 한정되었던 농협, 수협, 신협, 산림조합 등과 같은 8개 단체 외에는 협동조합을 만들 수 없었는데 지금은 노동, 실업, 복지, 교육, 주택 심지어 언론까지 협동조합을 만드는 추세입니다.

귀농인들은 대개 도시에서 생활할 때 여러 분야에서 활동한 분들이니까 서로 힘을 잘 모으면 유리한 것이 한두 가지가 아닙니다. 5인 이상이면 누구나 설립할 수 있습니다. 조합을 잘 결성하면 무엇보다도 중간 유통업자들의 농간으로부터 자유로울 수 있습니다.

미국의 썬키스트도 6천여 명의 오렌지를 생산하는 농민과 8개 협동조합이 중간 상인의 독과점 횡포에 대응하기 위하여 만든 협동조합 연합회입니다. 협동조합 설립을 통해서 농업을 개별적으로 브랜드화, 차별화하는 작업이 필요합니다. 연대해서 다양한 아이디어로 도시 소비자와 직거래할 때 쉽게 신뢰받을 수 있는 강점이 있습니다.

❺ 도시에서는 소비자협동조합 같은 것도 생각해 볼 수 있겠네요. 소비자조합과 생산자조합 간에 상생할 수 있는 방법들도 있을 것 같은데 어떻습니까?

바로 이것이 협동조합 설립의 취지이고 장점입니다. 도시에는 다양한 단체나 조직이 많습니다. 예를 들면 아파트나 동네의 부녀회, 각종 동호회 등을 기반으로 소비자조합이 결성될 수도 있고, 동네 슈퍼들이 서로 연대해서 조합을 결성하면 농산물을 거래할 때 유리한 점이 많다고 생각합니다. 안전하고 믿을 수 있는 우리 농산물을 저렴한 가격으로 소비자들에게 제공할 수도 있습니다. 이런 연대를 통해서 자신들이 어떤 추구하는 가치를 확산시킬 수 있기 때문에 새로운 부가가치 창출로 연결될 것입니다.*

* 청송에서도 귀농인과 기존 농민들이 합심해서 청송참농협동조합을 결성 중에 있다. 1구좌당 50만 원이며 관심 있는 분들은 청송귀농귀촌고민센터로 문의하면 된다.

착한 직거래 장터가 살 길이다

몇 년 전부터 감자를 캐낸 자리에 무를 심었다. 올해는 유난히 감자를 많이 심었다. 덕분에 감자 시세는 말이 아니었다. 그래서 그런지 그 자리에 심었던 무도 감자와 같은 운명이 되고 말았다. 어제 화물차에 백 단이 넘는 무를 싣고 대구 공판장으로 가면서 '한 단(5개)에 3천 원 정도만 받으면 좋겠다'는 생각을 했다.

그런데 다음 날 아침, 한 단에 6백 원에 거래되었다는 연락이 왔다. 불과 어제 저녁 마트에서 확인한 소비자 가격은 무 하나에 1천 5백 원이었는데. 112단에 6백 원이면 7만 원도 되지 않는 금액. 연료비 5만 원에 통행료까지 치면 무를 그냥 기부한 셈이다.

원인은 조금 작은 무 몇 개가 딸려 들어가 '선별 불량'으로 낙인 찍혔기 때문이다. 그래도 너무 억울한 생각이 들었다. 상인은 그 몇 개 때문에 가격을 후려친 것이다. 사연을 페이스북에 올리자 많은 지인들이 위로와 격려를 주셨다. 고마웠다. 어떤 분은 전화로 내년에는 절대로 무를 심지 말라고 위로 아닌 위로를 하셨다.

하지만 어리석은(?) 우리 농민은 내년에도 변함없이 무를 심을 거다. 왜냐하면 누군가는 해야 할 일이기 때문이다. 물론 좋은 가격, 비싼 가격에 거래되면 농민은 좋을 것이다. 다만 소비자 입장에서 금테 두른 무가 되면 곤란하다. 농민은 상인의 마음을 가져서는 안 된다고 생각한다. 더 정확히 말하자면 모두를 위험에 빠뜨리는 일이 된다. 농민이 상인의 마음을 가지면 농사는 투기가 될 가능성이 많아진다. 그러면 매년 울고 웃는 일이 반복되는 것이다.

농민과 도시 소비자, 우리는 다 같이 잘 살아야 한다. 그러기 위해서는 착한 직거래 장터가 형성되어야 한다. 품귀 현상이 일어나도 '착한 직거래 장터'는 늘 일정한 가격으로 거래가 되어야 한다. 그래야 농민도 살고 도시 소비자도 안심하고 살 수 있다.

농사의 키워드는 평화다. 땅을 만지는 농민은 투기가 아니라 화평한 마음으로, 모두를 사랑하는 마음으로 농업에 임해야 한다. 특히 귀농하는 분들에게 더 권하고 싶은 말씀이다. 착한 직거래 장터는 가령 도시 교회가 한 번쯤 생각해야 될 부분이다. 왜냐하면 교회는 기본적으로 평화를 사랑하는 공동체이기 때문이다. 적어도 우리 교회와 자매 관계에 있는 도시 협력 교회와는 이런 캠페인을 전개해 나갈 계획이다(금년 11월에 시험적으로 운영할 계획이지만). 일정한 가격, 이것이 서로가 사는 길이다.

나도 내년에 오미자를 일부 생산하겠지만 적정한 선에서 거래할 생각이다. 모두가 만족하는 가격, 그리고 먹거리에 대한 안정성, 그러면서도 다른 지역에서 생산한 오미자와는 다른 차별성은 있어야 된다고 생각한다. 얼마 전에 들었던 유기농 대학에서도 평범한 것이지만 힌트를 얻었다. 앞으로 신문에 귀농 칼럼을 연재하면서 농사에 대한 철학도 함께 나누기를 기대한다. 걱정하지 마시라. 무는 내년에도 여러분 곁을 찾아 갈 것이다.

11

귀농 정책(1)

❶ '2014년도 귀농 정책'에 대해 알아보겠습니다. 올해 청송 지역의 귀농 정책은 어떻게 되는지 궁금합니다.

특별하게 달라지는 정책은 없는 것 같습니다. 다만 청송군의 경우 2014년도에 귀농 교육 프로그램이 국비 사업으로 선정되었습니다. 이전에는 군비 사업으로 진행이 되어서 5개월에 40시간으로 편성되어 진행했었는데요. 올해는 배로 늘어나서 10개월 80시간으로 진행한다고 하니까 좀더 다양하고 내실 있는 교육이 될 것 같습니다. 특히 먼저 귀농한 분들의 생생한 현장 경험과 사례 발표 시간이 있어서 예비 귀농인들에게는 더 없이 실용적이고 유익한 교육 기회가 될 것입니다.

❷ 그 외에 북부 지역 다른 자치단체들의 사정은 어떤지도 궁금합니다.

북부 지역 중에서 봉화, 영양, 청송이 귀농 선택 지역으로 각광받고 있습니다. 이 세 곳의 귀농 정책을 살펴보면 역시 작년과 특별히 다른 점은 없습니다. 그래서 기존의 귀농 정책들을 살펴보는 것이 오히려 의미 있을 것 같습니다. 봉화군은 귀농인을 위해서 이사 비용을 지원해 주는 사업이 있습니다.

전 가족이 단독 세대를 구성해서 이주할 경우 100만 원 한도 내에서, 10가구에 한해서 지원해 주는 정책입니다. 이 지역으로 귀농 계획이 있으신 분들은 참고하기 바랍니다. 영양군은 전반적으로 사업량도 적고 지원 분야도 적은데 비해 귀농 인구는 꾸준히 늘어나는 추세입니다. 예를 들면 전체 인구는 어디나 마찬가지로 줄고 있는데 세대수는 최근 5~6년 동안 오히려 늘어나는 상황입니다. 귀농 세대가 반영된 결과가 아닌가 생각되는데 영양군은 전통적으로 고추 재배 외에도 사과, 인삼을 재배하는 귀농 농가가 늘어나는 것도 무관하지 않다고 생각됩니다.

❸ 이 지역들 외에 눈에 띄는 귀농 정책을 장려하는 자치단체가 있다면 어떤 곳일까요?

다른 지역들 중에서 한 곳을 꼽자면 의성군을 들 수 있습니다. 의성군은 지원해 주는 분야도 많고 사업량도 많기 때문에 예비 귀농인이 관심을 가질 만한 지역입니다. 예를 들면 귀농 정착금이나 이사 비용을 지원해 주는 가구수도 많고, 장기 체류 맞춤형 귀농인의 집이라고 해서 1년 정도 주택을 무상으로 지원해 주는 정책도 있습니다.

주거 환경 개선사업의 경우 자부담 40퍼센트를 포함해서 1,500만 원 이내에서 지원해 주는 정책도 있습니다. 또 신규 귀농인을 대상으로 귀농 멘토제, 주말 체류형 체험 농장도 군에서 공식적으로 운영합니다. 상주시와 같이 주민 초청 프로그램, 그러니까 집들이 행사 비용 40만 원을 80농가까지 지원해 줍니다. 귀농 가구를 유치하기 위해서 많은 노력을 하고 있습니다.

❹ 다양한 아이디어로 많은 귀농인이 우리 지역에 정착했으면 좋겠는데, 혹시 대표님이 제안하고 싶은 정책 아이디어가 있는지요?

지자체별로 귀농 정책들을 종합해 보면 이미 나올 수 있는 외형적인 정책들은 백화점식으로 모두 제시된 것 같습니다. 하지만 정책 담당자들에게 세 가지 정도를 제안하고 싶습니다. 첫째는 먼저 귀농 정책에 대한 분명한 의지를 가져주면 좋겠습니다. 청송군의 경우도 실제 공무원들이 이곳에 살지 않고 다른 지역에서 출퇴근하는 경우가 많습니다.

어떤 면에서 보면 자기 지역에 대한 애착심이 있을까 하는 의구심도 들고, 농촌 사정에 대해서 속 깊은 이해도 부족한 것 같습니다. 그래서 새로운 아이디어를 발굴하고자 하는 의지도 부족한 것처럼 느껴집니다. 둘째는 다른 지역에서 실시하고 있는 좋은 정책들은 예산과 실정에

맞게 도입하는 것도 부끄러운 것이 아니라고 생각합니다. 셋째는 귀농인들이 정말 바라는 것은 얼마의 자금이 아니라 귀농인의 입장에서 실질적인 효과를 거둘 수 있는 정책을 수립해 주는 것입니다.

예를 들면 농촌에 분명히 빈집들이 많이 있는데, 임대도 하지 않고 팔지도 않는 경향이 있습니다. 이럴 때 마을 이장들이 중재를 하는 등 많은 노력이 필요하고, 할 수만 있으면 빈집을 그냥 둘 때 일종의 페널티를 부과하는 행정조치도 있어야 하지 않을까 생각합니다. 사실 마을 발전을 위해서도 빈집을 그냥 내버려두는 것도 좋지 않거든요.

❺ 귀농을 하고 싶어도 주택 문제가 심각한 것 같은데, 빈집에 대한 페널티 외에 긍정적인 혜택도 생각해 볼 수 있지 않을까요?

농촌에 빈집이 생기는 경우는 대부분 고령의 어르신들이 별세했기 때문입니다. 그래서 도시에 거주하는 자녀들이 빈집을 소유한 경우가 대부분입니다. 그런 분들은 빈집을 그대로 두어도 별로 아쉬운 것이 없습니다. 그중 어떤 분들은 '귀농 붐'을 노리고 매매 가격을 높이려는 것 같습니다. 그래서 빈집이 생기고 일정 기간 이내에 귀농인에게 매매할 경우 매도인에게 세제 혜택을 준다든지 혹은 장려금을 지급한다든지 하는 것도 생각해 볼 필요가 있습니다.

봉화 · 영양 · 청송 도시민의 귀농 적지

봉화 · 영양 · 청송군이 도시민의 귀농 적지로 큰 인기를 끌고 있다. 농림축산식품부 자료에 의하면 2011년 귀농 · 귀촌 가구수가 1만 가구를 돌파한 이래 최근 10여 년 동안 3만 가구를 넘어선 것으로 나타났다. 이 가운데 경북은 6,700여 가구가 될 정도로 귀농 · 귀촌 지역으로 주목받고 있다. 특히 봉화 · 영양 · 청송은 최근 몇 년 동안 각 군별로 매년 100가구 이상 귀농 · 귀촌 가구가 유입되고 있어 예비 귀농인에게 관심의 대상이 되고 있다.

청송군은 다양한 귀농 유인책을 제시하고 있는 것이 특징이다. 귀농인 정착 지원금(400만 원 이내)을 비롯해 농지 구입 세제 지원(200만 원 이내), 농지 구입 이자 지원, 농가 주택 수리비, 귀농 교육 수강료 지원에 이르기까지 다양하다.

영양군은 다양한 귀농 지원 사업은 부족하지만 청송군보다 귀농 가구수가 가파르게 상승하고 있는 것으로 파악되었다. 영양군 관계자는 "2012년 귀농 가구는 96가구였으나 잠정 집계한 2013년 귀농 가구수는 130가구를 넘을 것으로 보인다"고 말했다. 꾸준한 귀농 가구수 증가는 전체 인구 감소에도 불구하고 늘어나는 것으로 매년 발간하는 통계연보가 잘 보여 주고 있다.

봉화군은 이들 3개 지역 가운데 귀농 정책을 가장 내실있게 홍보하고 있어 눈길을 끈다. 군청 홈페이지 초기 화면에 귀농 안내를 체계적이고 종합적으로 잘 설명하고 있어 예비 귀농인에게 신뢰감을 준다. 봉화군 농촌개발과 관계자는 "지난해 6월말 기준으로 귀농 · 귀촌 가구수가 140가구를 돌파했다"면서 2013년 전체를 집계하면 적어도 200가구는 훨씬 넘을 것으로 예측했다.

12

귀농 정책(2)

❶ 오늘은 좀 큰 틀에서 귀농 정책을 살펴봤으면 합니다. 올해 중앙정부 차원에서 달라지는 내용에는 어떤 것들이 있는지 알려주세요.

아쉽게도 중앙정부 차원에서 큰 변화는 없는 것 같습니다. 다만 귀농 시 지원해 주는 농업 창업이나 주택 신축 혹은 구입 시에 지원해 주는 정책에 대해서 말씀드릴까 합니다. 이 자금이 흔히 말하는 정책 자금이라는 것입니다. 자금을 주관하는 금융기관은 농협입니다. 정책 자금은 창업의 경우 2억 원 한도, 주택 관련 자금은 4천만 원 이내입니다.*

그런데 창업 자금의 경우 사용 용도가 예전에는 영농 기반 구축이나 묘목 구입이나 농자재를 산다든지 혹은 농기계를 구입하는 데 사용했어야 했습니다. 그런데 금년에는 '농업용 화물차'를 구입하는 데에도 이 자금을 쓸 수 있게 되었습니다. 늦은 감은 있지만 실질적인 조치라고 생각합니다. 농사를 지으려면 화물차 한 대 정도는 반드시 있어야 하는데 그동안 귀농인들은 정책 자금을 받고도 자비를 들여서 화물차를 사야 하는 애로사항이 있었습니다.

❷ 귀농인이 이런 자금을 받으려면 어떤 자격이나 요건이 필요한지 말씀해 주세요.

귀농했다고 해서 무조건 정책 자금을 받을 수 있는 것은 아닙니다. 정책에 대해서 잘 모르는 사람들은 귀농만 하면 자격이 다 되는 것으로 오해하는 것 같아 미리 말씀드립니다. 조건이 되지 않으면 지원 대상에서 제외될 수 있

* 그동안 논란이 되었던 정책자금 대출금리가 3퍼센트에서 2퍼센트로 내렸고, 대출한도도 2억 원에서 3억 원으로 상향된 것이 2015년부터 달라진 귀농 정책이다.

습니다.
일반적인 요건은 금융기관에서 대출받을 때 적용하는 신용등급이나 담보물건이 있어야 한다는 내용은 같습니다. 아울러 신용에 문제가 있는 분들은 어렵습니다. 실제로 지자체에서 추천받고 정책 자금을 신청해도 농협의 심사를 통과하는 분들은 절반이 채 되지 않는다고 합니다. 그 외의 요건들은 농어촌 지역 전입 일을 기준으로 1년 이상 농어촌 이외의 지역에서 거주해야 한다는 특별 요건이 있습니다.

농촌에서 살다가 도시로 나갔는데 1년이 되지 않은 상태에서 농촌으로 돌아온다면 귀농인의 자격이 안 됩니다. 물론 독립 세대를 구성해서 농촌으로 전입해야 합니다. 예외적인 경우가 있는데 제대 군인의 경우 복무 당시에 농어촌 지역에서 근무했으면 거주 기간에 대한 적용을 받지 않습니다. 가령 직업 군인으로 농촌에서 오랫동안 군 복무를 했다면 도시에서 1년 이상 거주할 필요가 없다는 것입니다.

❸ 이 외에 다른 자격 조건이 있습니까?

다른 조건은 귀농 교육이나 농업 관련 교육 시간이 100시간 이상 되어야 합니다. 교육 시간을 인정받을 수 있는 기관은 농림축산식품부, 농촌진흥청, 산림청 또 지자체 등이 주관하거나 지정한 기관에서 교육받은 시간만 인정이 됩니다. 그리고 요즘은 사이버 귀농 교육을 하는 곳도 있습니다. 이럴 경우는 총 이수 시간의 50퍼센트만 인정하되 최대 50시간까지만 반영됩니다. 나머지 50시간은 오프라인으로 반드시 교육 시간을 채워야 합니다. 그래서 귀농하는 데 실제로 준비하는 기간이 좀 필요합니다.

❹ 귀농 정책과 관련해서 문제점과 건의하고 싶은 부분이 있으면 말씀해 주세요?

우선 전체 정책 자금 배정에 대한 소요 판단이 부족한 것 것입니다. 최근 몇 년 동안 농업진흥청에서 귀농 정책 자금이 집행된 실적을 보면, 2011년도에 852억 원, 2012년에는 1,064억 원, 작년 2013년도에는 1,150억 원이 집행이 되었고 금년에는 목표치를 1,200억 원으로 계획하고 있습니다.

이중에 2012년도를 보면 전년도에 비해 200억 원 이상 급증했습니다. 그때가 귀농 농가 1만 가구를 연속으로 돌파했던 시점입니다. 작년 통계는 아직 파악이 안 되었지만 귀농은 꾸준하게 늘어나는 추세입니다. 또 작금의 우리 사회가 고용 시장이 불안정하고 퇴직 연령이 빨라지고 있기 때문에 귀농은 제2의 인생을 살려는 사람들에게 중요한 고려 요소가 되고 있습니다.

그래서 좀더 많은 정책 자금이 확보되어야 합니다. 금리 또한 지금보다 더 내릴 필요가 있습니다. 몇 년째 3퍼센트를 유지하고 있는데 이것은 과거 일반 대출 금리가 6~7퍼센트 이상하던 때 얘기입니다. 일반 대출 금리도 3퍼센트 초반이나 후반 때부터 시행되고 있는 것을 감안하면 정책 자금으로서 차별성이 없습니다. 적어도 2퍼센트 이하로 내려야 한다고 봅니다.

❺ 요즘 퇴직 연령이 빨라지고 있는데, 실제 그런 분들은 한두 번쯤은 귀농 생각을 하실 것 같습니다.

2012년도에 서울시 복지재단에서 55세 이상 서울 시민 1,000명을 대상으로 은퇴 연령을 조사했는데 평균 은퇴 연령이 52.6세로 조사되었습니다. 지금 65세 이상 되신 분이 퇴직할 당시는 57.6세였습니다. 그러니까 5년이 빨라진 것입니다. 지금은 40대 후반까지 떨어졌습니다. 30대 후반, 40대 초반만 되어도 미래에 대한 불안감을 갖고 있습니다. 그래서 저는 귀농 정책에 있어서 과감하게 귀농 연령을 낮추는 쪽으로 유도하는 정책들이 나와야 한다고 생각합니다. 현재는 59세, 60세 정도까지 귀농 자금을 지원해 주고 있는데 이보다 훨씬 더 빠르게 귀농하는 분들에게 어떤 인센티브를 주는 것도 고려해야 하지 않을까 생각합니다.

지자체만의 특색 있는 귀농 정책이 아쉽다

필자는 귀농 교육이나 방송 등에서 도내 다른 지자체의 귀농 정책에 대하여 찬양을 늘어놓는 것 중에 단골 메뉴가 있다. 바로 귀농인과 지역민과의 화합을 위한 '집들이 비용'을 지원해 주는 정책이다.

지자체에서 지원해 주는 사업이라는 것이 지원해 준 명목을 따라서 반드시 집행되어야 하는 것은 가장 기본 원칙이다. 똑같은 40만 원도 내 돈 들여 집들이하는 것과 반드시 집행해야 될 지원금으로 하는 것과는 마음가짐에서부터 다를 것이다. 한 마을에 귀농인이 들어옴으로 그 마을은 잔치할 일이 자꾸 많아진다. 이런 일이 반복되면 외지인을 받아들이는 것도 자연스러울 것이다. 모여서 음식을 나누고 마음을 나누다 보면 서로간의 벽도 허물어지고 후에는 마을을 위한 좋은 아이디어도 모을 수 있다.

앞으로 청송군만의 반짝이는 귀농인 정책이 나와야 한다고 생각한다. 이를테면 '귀농 왕' 선발은 어떨지 모르겠다(이미 다른 시군에 있는지 모르지만) 정착에 성공한 귀농인에게 상을 주어 격려하는 것은 반드시 필요하다.

군 단위에는 '귀농 왕'으로 호칭해 주고 면 단위에서는 '귀농 선도농가'라는 명패도 괜찮다고 본다. 잘하는 사람을 격려해 주고 상을 주는 일은 더 큰 성취를 이루기 위해서도 필요하고 다른 이들에게는 동기부여가 되는 측면도 있으니 일석이조다. 이런 칭호를 붙여주는 일은 기실 큰 돈 들어갈 일도 아니다.

오히려 행정 관청의 이런 '알아줌'을 통해서 귀농 농가 입장에서는 농산물에 대한 신뢰도를 높여 소득 향상에도 이바지할 수 있다. 어떤 방법, 어떤 기준으로 평가하느냐는 것은 머리를 맞대면 될 일이다.

그런데 어중간한 귀농인이 문제다. 사실 정착과 실패의 갈림길에 서 있는 귀농인이 너무 많다. 귀농 모임을 주관하다 보면 울분을 토해 내는 사람들도 종종 있다. 앞서 제시한 귀농 왕, 귀농 선도농가 선정을 위한 절차를 진행하다보면 자연스럽게 정착 실태가 파악되리라고 본다.

그러므로 어려움을 겪는 귀농 농가의 '애로사항 청취' 혹은 '컨설팅', '멘토링'이라는 이름의 보살핌이 꼭 필요하게 될 것이다. 이런 면에서 농업기술센터는 귀농인들에게 '귀농클리닉센터'가 되어야 한다. 또 기왕에 운영 중인 '귀농 상담소'도 잘되고 있는지 점검도 해봐야 할 일이다. 조례에 설치 근거를 가진 '귀농인위원회'도 제대로 작동되고 있는지도 살펴봐야 하고 나아가 조례 자체도 현실과 괴리는 없는지 따져 볼 일이다.

귀농 Tip

최근 뉴스를 보면 새로 면허를 취득한 한의사들이 갈 곳이 마땅찮다고 한다. 한의원 부원장으로 어렵게 취업해도 월급이 고작 200만 원밖에 안 된다고 한다. 버거운 도시에서 아등바등하는 것보다 차라리 농촌으로 과감하게 눈을 돌리는 것이 현명할지도 모른다. 농촌은 이미 '초고령화 사회'다. 한평생 농업에 종사한 농민들은 특히 한의원을 선호하는 경향이 있다. 조금만 차별성 있는 전략을 가지고 농촌으로 오면 성공 가능성이 충분하다고 생각한다.

13

귀농을 주저하게 하는 요인들

❶ 귀농을 주저하게 만드는 요인에는 어떤 것들이 있을까요?

귀농을 주저하게 만드는 요소는 다양합니다. 고립감과 소외감에 대한 걱정, 자녀 교육이나 문화생활, 소득에 대한 불안 등 농촌 생활에 대한 적응 문제도 막상 살아보면 쉬운 일은 아닙니다.

오늘은 그중에서도 40대 가장이 귀농을 생각할 때 고민되는 문제들을 중심으로 얘기 나누고자 합니다. 40대의 이야기를 하는 이유는, 현재 귀농의 주류를 형성하는 계층은 50대입니다. 그러나 농촌 사회가 활력 있고 귀농 성공 가능성을 높이려면 40대가 과감하게 귀농에 투신할 수 있는 사회 분위기가 조성되어야 합니다.

또 여기에는 필요한 정책적인 지원에 대한 고민이나 배려가 요구되는 시점입니다. 저희가 운영하는 인터넷 카페에도 40대 회원들이 60퍼센트가 넘습니다. 이분들이 지금 귀농에 대한 꿈을 품고 적절한 시기를 엿보고 있는데 결코 쉽지 않은 것 같습니다.

❷ 40대는 자녀 교육 문제로 고민이 많을 시기인데 그 부분에서 고민이 적지 않을 것 같습니다.

40대 가장이 귀농하고자 할 때 가장 크게 고민하는 부분이 바로 자녀 교육 문제입니다. 저희 집에도 아이들이 아직 중학생인데 귀농할 때 자기들은 절대로 안 따라가겠다고 했습니다. 큰 아이는 친구들이 어디로 이사 가느냐는 물음에 청송이라고 말하지 못하고 부끄러워했습니다. 그래서 '안동쯤' 간다고 애매하게 말하기도 했답니다. 또 이사 와서 6개월 정도는 대구에 있는 할아버지 댁으로 보내

달라고 떼를 쓰기고 했습니다. 이처럼 아이들이 농촌에서 적응하는 문제도 많은 고민이 될 것입니다.

또 농촌에 대한 편견들이 있는 것 같습니다. 농촌에 있는 학교의 교육이 좀 부실하지 않을까, 학원은 부족하지 않을까, 하는 염려를 했는데 막상 와서 접해 보고 기우였다는 생각이 들었습니다. 다만 중고등학교에 다니는 자녀를 둔 가정에서는 너무 깊은 시골로 들어가지 말고 농장이 조금 멀더라도 읍이나 면 소재지 가까이에 거주하는 것이 현실적으로 좀 낫지 않을까 싶습니다. 또 대학 진학 시 '농어촌자녀특례입학'제도도 활용할 수 있고, 멀리 내다보면 아이들의 장래에 도움이 될 수도 있습니다.

❸ 자녀 교육 문제 외에 또 어떤 부분들이 귀농의 걸림돌이 될 수 있을까요?

교육 문제 다음으로는 의료와 문화생활에 대한 아쉬움 같은 것들이 귀농을 주저하게 만든다고 생각합니다. 농촌에는 다양한 의료시설이 부족한 것은 사실입니다. 이 부분이 걱정되면 생활 기반이 갖추어진 도시와 가까운 지역을 귀농 예정 지역으로 선정하는 것이 바람직합니다.

며칠 전 뉴스에서 도시에서 개인병원을 운영하는 의사들이 도산해서 개인회생이나 파산의 40퍼센트를 차지한다고 하는데, 앞으로 의사들도 도시만 고집할 필요가 없다고 봅니다. 어떤 지자체는 병원을 유치하기 위해서 대지를 비교적 저렴한 가격에 분양해 주는 지역도 있습니다.

저도 귀농하기 전에 병원에서 근무한 경험이 있습니다. 혹시 이 방송을 듣는 의사들이 있다면 농촌에는 아직 치과, 이비인후과 같은 전문의들은 지금 들어와도 기존의 병원들과 충분히 경쟁할 수 있으니 고려해 보기 바랍니다.

❹ 문화적인 부분을 보면 공연이나 음악회, 영화 관람 등이 좀 부족하지 않을까 싶습니다.

도시와 비교하면 한없이 부족하지요. 하지만 정작 도시에서 살 때에는 문화생활을 별로 즐기지 못했습니다. 오히려 농촌에 오니까 문화생활이 더 소중해졌습니다. 2년 가까이 살아보니까 실제로 음악회는 넘쳐 납니다. 시골의 고택이나 야외에서 즐기는 음악회의 정취는 정말 좋습니다. 영화도 지자체와 영화배급사 간에 계약이 이루어져서 문화회관 같은 데서 비슷한 시기에 개봉한 영화를 관람할 수 있습니다. 또 농촌 어디에서나 30~40분 정도면 주변 도시에 진입할 수 있을 정도로 우리나라는 교통망이 좋습니다.

문화생활을 즐기기 위해, 혹은 대형마트에 장 보러 갈 때 가족들이 같이 움직이는 것 자체가 친밀해지는 좋은 기회가 될 수 있습니다. 또 이 기회에 덧붙여 말씀드리면 도시와 똑같은 생활을 하려면 굳이 농촌으로 올 필요가 없습니다. 농촌에서의 삶은 부족한 것 같지만 조용하면서도 절제된 생활의 매력이 있습니다. 가족 간의 대화는 더 많아지고 유대가 깊어지는 것도 농촌 생활에서 얻을 수 있는 선물입니다.

❺ 그런 매력 때문에 농촌 생활을 꿈꾸는 분들이 많은 것 같습니다. 예비 귀농인이나 이미 귀농한 분들을 위한 상담 안내해 주세요.

저희는 귀농을 구상하는 단계에서부터 작물을 선택하는 일, 또 농지를 구하고 농촌 생활에 적응하는 데 필요한 모든 정보를 먼저 귀농한 입장에서 도움을 드리고 있습니다. 인터넷 카페를 이용하시거나 전화 070-4406-5870으로 문의해 주시면 상세하게 안내해 드리겠습니다.

14

마을 공동체 재생 운동

저심리 마을 사례*

❶ 조금은 생소한 ‘마을 공동체 재생 운동‘에 대해서 설명해 주세요.

‘마을 공동체 재생 운동’을 쉽게 이해하려면 두 가지를 먼저 떠올리면 좋을 것 같습니다. 하나는 ‘농촌 인구의 고령화’에 대한 심각성과 또 하나는 농촌의 빈집들이 늘어가는 ‘농촌의 공동화’ 현상입니다. 물론 이 두 가지가 상호 밀접하게 연관되어 있습니다. 한국의 농촌은 고령화

*이 내용은 귀농인 주도의 마을 공동체 재생 운동에 관한 사례 연구(2013, 전남대 석사학위)를 다시 정리한 것임을 밝힙니다.

가 상당히 빠르게 진행이 되어서 사람의 피부에 비유하면 탄력이 거의 사라져가는 상태라고 할 수 있습니다. 이런 활력과 생기가 사라져가는 농촌을 귀농인들이 주도적으로 나서서 마을을 다시 한 번 생기 도는 공동체를 만들어 보자는 일종의 캠페인이면서 생존 전략이라고 할 수 있습니다.

❷ 마을 공동체 재생 운동을 귀농인 주도로 한다는 것이 쉽지 않을 것 같습니다.

'귀농속으로' 프로그램 초기에 귀농인은 마을이라는 공동체에서 '이방인' 취급받는다고 말씀드린 적이 있습니다. 귀농인들이 주도적으로 마을을 재생시키려면 두 가지가 선행되어야 합니다. '마을 권력'을 잡든지 아니면 적어도 마을 권력과의 좋은 유대관계가 필수적이라고 할 수 있습니다. 그래서 귀농인들이 서로 연대하는 것이 중요합니다. 더 나아가서 귀농인들이 자신만의 삶을 사는 것이 아니라 자기가 속한 마을 공동체의 발전을 위해서 헌신하고자 하는 노력을 주민들에게 잘 보여 준다면 불가능한 일

만은 아니라고 생각합니다.

참고로 말씀드리면 지금 농촌은 각 마을마다 이장 선출을 앞둔 시기입니다. 지방 선거보다도 마을에서는 초미의 관심사가 아닐 수 없습니다. 실제로 어떤 마을에서는 귀농인에게 이장을 하라고 권유하는 사례도 종종 있습니다.

❸ 귀농인 주도의 마을 공동체 재생 운동이 잘 정착된 사례가 있을까요?

오늘 소개해 드리고 싶은 사례는 전라남도 담양군 대덕면에 있는 세칭 '저심 마을'이라는 곳입니다. 저심 마을은 48가구로 형성되어 있습니다. 그중에서 귀농 가구가 11가구입니다. 전체 가구수에 비해서 4분의 1정도가 귀농 가구이기 때문에 마을재생운동을 할 수 있는 충분한 동력이 있었던 거지요.

이분들의 첫 시도는 '우리콩영농조합법인'을 조직하는 것이었습니다. 저심 마을은 기존에 비닐하우스 농사를 크게 하다가 망한 지역입니다. 그런데 귀농인들의 주도로 콩 농사와 된장 사업이 활성화되면서 마을 주민들의 인식이 달라지기 시작했습니다. 지역 주민들은 귀농인들이 농사짓는 것을 좀 우습게 여기는 경향이 있는 것이 사실이거든요. 그런데 이분들이 성공하는 것을 보고 마을 어르신들이 자각이 된 것입니다. 더구나 자신들이 재배한 콩을 중간 상인들보다 좋은 가격에 조합에서 매입해 주니까 상호 공생이 되는구나 하는 인식이 확산되기 시작한 것입니다.

❹ 귀농인의 성공적인 농사가 기존의 농민들에게는 큰 자극이 되었을 것 같습니다. 이 외에도 어떤 노력들이 있었습니까?

조합 설립과 운영이 성공하면서 귀농인들과 마을 주민들이 더 깊은 연대감을 가지게 되었습니다. 그래서 마을 단위의 새로운 사업들에 대한 구상을 시작했습니다. 마침 농림축산식품부에서 시행하는 '녹색농촌 체험마을'에 선정이 되어 새로운 마을 만들기가 진행 중이고, 또 산림청이 시행하는 '산촌생태마을'과 전라남도가 시행하는 '행복마을'에 선정되어 또 다른 차원에서 마을 만들기가 진행 중에 있습니다. 저심 마을은 떠나는 농촌 마을에서 예비 귀농인들이 가고 싶고, 참여하고 싶은 '성공 마을'이 된 것입니다.

❺ 말씀만 들어도 생기 넘치는 마을이 상상됩니다. 끝으로 간단하게 마을 공동체 재생 운동의 성공 포인트를 짚어 주세요.

가장 중요한 것은 귀농인이 자신의 성공에만 너무 집착해서는 안 된다는 것입니다. 농촌은 이기적인 습성이 강한 도시와는 다르게 아직 공동체 의식이 많이 남아 있습니다. 관습법이 우선하는 사회이고요. 귀농인은 그런 환경 속에서 자신이 존재하고 있다는 사실을 깊이 인식해야 합니다. 자신의 성공이 마을의 환경, 자원, 분위기에서 결코 독립적이 않다는 사실을 깨닫고 마을 전체를 보는 안목이 중요하다고 봅니다.

15

마을재생운동

❶ 귀농인 주도의 마을 공동체 재생 운동의 어려움 가운데 귀농인이 주도한다는 거부감 외에 또 어떤 어려움을 예상할 수 있을까요?

귀농인 주도*의 마을재생운동을 할 때 장벽 중 하나가 아직 우리 농촌에 '씨족 공동체'적인 요소가 많이 남아 있다는 사실입니다. 다시 말씀드리면 어느 동네든지 특정한

* 농림축산식품부에 따르면 향후 귀농 · 귀촌 정책지원 방향에 있어서 젊고 유능한 귀농 · 귀촌인을 지역 리더로 육성하고자 하는 방침을 갖고 있다. 진정으로 마을 발전을 원하는 주민들이라면 역량 있는 일군들과 잘 결합하는 현명한 지혜가 필요하다.

성씨들이 모여 사는 소위 '집성촌'의 흔적들이 아직 많이 남아 있습니다. 사실 귀농인에 대한 거부감의 진원지도 이런 집성촌이 가지는 어떤 배타적인 폐쇄성에서 기인한다고도 볼 수 있습니다.

예를 들어 100가구 정도가 모여 사는 동네가 있다고 가정할 때, 같은 성씨들이 10가구 내지 20가구만 되어도 대단한 구심력을 가집니다. 왜 이 정도만 되어도 마을의 중심 세력을 형성할 수 있느냐 하면 이분들은 몇 대에 걸쳐서 그 지역에 사셨던 분들이기 때문에 그 동네에 토지를 많이 소유하고 있습니다.

그리고 마을 사람들은 이분들의 토지를 빌려 쓰는데 요즘은 '임대'라는 표현을 쓰지만 옛날에는 '소작'이라고 불렀지요. 그렇기 때문에 보이지 않는 마을의 주도권이 특정 성씨들을 중심으로 형성되어 있을 수 있습니다. 실제로 마을 이장도 이분들 중에서 선출되거나 최소한 지지를 받지 못하면 되기 힘든 것이 사실입니다.

❷ 겉으로 보기에는 평온하고 조용한 것 같은데, 그 이면에는 복잡한 구조가 있었네요. 귀농인이 주도해서 마을을 새롭게 한다는 일이 말처럼 쉽지만은 않을 것 같습니다.

저도 실제로 농촌에 살면서 알면 알수록 만만치 않다고 느낄 때가 많습니다. 하지만 우리 농촌의 건강하고 밝은 미래를 위해서 귀농인이 어떤 역할을 해야 하는 건 분명합니다. 앞서 말씀드린 대로 농촌 마을의 특성 때문에 섣불리 접근했다가는 더 큰 이질감을 느낄 수 있습니다. 문제는 전략적인 접근이 필요하다는 것입니다.

예를 들면 한 마을의 귀농인 중에서 소위 '유턴형 귀농인'들이 더러 있습니다. 농촌에서 태어나서 도시로 나갔다가 다시 고향으로 돌아오는 경우를 '유턴형 귀농'이라고 합니다. 이런 분들이 앞장서거나 또 설 수 있도록 지혜를 모아야 합니다. 특히 유턴형 귀농인들 중에는 우리 사회의 본격적인 '귀농 붐'이 일어났던 IMF 외환위기 이전에 이미 귀농한 사람들이 많습니다.

그런데 이분들은 '귀농인'이라는 의식이 별로 없습니다. 저는 이런 분들을 '귀농 1세대'라고 부릅니다. 이분들이 마을재생운동의 중심에 설 수 있도록 하면 우호적인 분위기를 형성하는 데 큰 도움이 되지 않을까 싶습니다.

❸ 현실적으로 좋은 방법이 될 것 같습니다. 귀농인이 노력해야 될 부분도 있지만 행정기관이나 지자체에서 정책적으로 뒷받침해 주는 노력도 중요할 것 같습니다.

지방 정부의 의지가 대단히 중요합니다. 앞으로 농촌의 현실과 미래를 잘 내다볼 수 있는 안목이 절대적으로 필요합니다. 지방 정부를 구성하고 있는 공무원들도 '집성촌'의 폐해라고 할 수 있는 폐쇄적인 사고에 갇히면 안 된다고 생각합니다.

그러기 위해서는 '귀농인'들에 대한 인식의 전환이 먼저 선행되어야 합니다. 저는 귀농인을 어떤 시각에서 바라보느냐에 따라 정책의 출발점이 달라진다고 봅니다. 가령 귀농인을 도시 사회의 경쟁에서 낙오한 사람, 혹은 우리 지역에 와서 행정을 피곤하게 하는 사람으로 인식하느냐 아니면 농촌을 살릴 사람, 농촌의 중요한 인적 자원으로 바라보느냐에 따라서 정책이 완전히 달라질 수밖에 없을 것입니다.

❹ 대표님께서 제안하시고 싶은 내용이 있다면 어떤 부분인지 궁금합니다.

먼저 행정기관에서 귀농인들이 '조직화'하는 것을 두려워하지 않아야 합니다. 귀농인은 농촌에서 살려고, 이 지역이 좋아서 선택해서 온 사람들입니다. 그래서 귀농인 자신들도 살고 더불어 살기 위해서 귀농인 조직을 만드는 것입니다. 귀농 조직을 장려해야 합니다. 경우에 따라서 귀농 조직이 여러 개 되는 것도 나쁘지 않다고 생각합니다. 청송의 경우에 귀농인을 위한 조례가 제정되어 있는데 그중에 '귀농위원회'가 있습니다.

이 귀농위원회에 각 귀농 단체의 대표성 있는 사람을 참여시키고 있습니다. 저는 한두 명만 군정에 참여시키는 정도가 아니라 폭을 더 넓혀서 면 단위에서도 귀농인이 참여하는 조직, 이를테면 '마을발전위원회'도 필요하다고 봅니다. 왜냐하면 농촌에 살아보면 실제로 생활은 면 단위를 중심으로 이루어지기 때문입니다. 조금 더 파격적인 제안을 한다면 귀농인을 명예 면장으로 위촉하는 제도를 제안하고 싶습니다.

그래서 면 단위의 귀농인들을 하나로 묶어서 귀농인들과 지역 주민과의 화합을 도모하는 분위기를 이끌어낼 수 있으면 좋겠다고 생각합니다. 또 경우에 따라서는 귀농인들이 가지고 있는 사회 관계망을 면 단위에서 잘 활용할 수 있는 연결고리가 되지 않을까 싶습니다.

방송에서 못 다한 이야기

기존의 농민들은 농촌 사회가 어떻게 변화할지에 대해 조금은 무감각하다. 이미 연세가 많은 어르신들은 한 해, 두 해 지나면서 점점 세상을 등질 것이다. 가지고 있던 농지는 자녀들이 농촌에 와서 가업을 이어받든지 아니면 누군가에게 매매 혹은 임대해야 한다. 다시 말해 귀농인이 점점 늘어날 수밖에 없다는 것이다. 지금처럼 조금씩 귀농인이 유입될 때 조화롭게 지내는 법을 익혀야 한다. 귀농인은 우리 마을에 살려고 온 것이다. 함께 더불어 살기 위한 열린 마음이 절실히 필요하다.

16

제2의 인생, 귀촌

❶ 귀농과 귀촌을 구분하는 이유는 어디에 있을까요?

귀농은 농사지을 목적으로 농촌으로 이주하는 것입니다. 농사를 짓는다는 것은 농사가 '주 소득원'이 된다는 의미입니다. 반면에 귀촌은 말 그대로 농촌에 와서 산다는 의미이지요. 그런데 우리가 어디에 살든 소득이 있어야 하는데 일단 귀촌인은 주로 연금 소득 생활자나 현재 소유한 재산만으로 생활하는 데 별 어려움이 없는 분들입니다. 이런 분들은 대개 연세도 많은 것이 일반적입니다. 그 외에 귀촌의 범주에 넣을 수 있는 경우가 농촌에 와서 자영업을 한다든지 직장을 다닌다든지 하는 것도 포함될 수 있을 것 같습니다.

❷ 귀촌한 분을 소개해 주신다고 들었는데 어떤 분인지 알려 주시죠.

오늘은 40여년 교직 생활을 정년퇴임하고 귀촌해서 재미나게 사시는 분을 소개해 드릴까 합니다. 청송군 현동면 인지리에 사시는 오현섭 전 교감선생님입니다. 2010년 가을에 퇴임하고 귀촌했으니 4년 정도 됐습니다. 오 선생님은 교직 생활을 주로 농촌에서 많이 했는데, 1996~2006년까지 10년 정도 청송에서 근무했습니다.

이곳에 정착한 이유가 좋은 추억이 많아서라고 합니다. 오 선생님은 평소에 '농촌이 살아야 도회지도 산다'는 주관을 가지고 살아왔다고 합니다. 교사로 근무하면서 농촌에 대한 남다른 애정을 가지게 된 것 같습니다. 정착을 잘하는 분들은 대개 부인들이 적극적입니다. 오 선생님도 같은 경우입니다. 금년부터는 마을 경로당 총무까지 맡으

셨다고 하니 마을에서 인정도 받으시고 정착도 잘하신 경우로 여겨집니다.

❸ 외지에서 오셔서 경로당 총무까지 되셨는데 어떻게 마을 주민들과 가까워질 수 있었는지 궁금합니다.

오 선생님은 처음 이 마을에 정착해야겠다는 마음을 먹고 집을 마을과 멀리 떨어진 곳이 아니라 가까이에 지어야겠다는 생각을 하셨습니다. 대단히 중요한 부분입니다. 대부분의 귀농인은 마을과 멀리 떨어진 곳에 주택을 짓습니다. 장단점이 있습니다만 주민들 입장에서 보면 거리감이 느껴지는 부분이지요. 그런데 오 선생님은 집만 가까이 지었을 뿐만 아니라 주택의 일부분을 배드민턴 구장을 조성해서 마을 주민 누구나 이용할 수 있도록 개방했습니다.

또 배드민턴 구장이 주택의 뒷부분이나 안쪽에 있으면 이용하기 쉽지 않지만 주택 입구에 만들어서 편하게 사용할 수 있게 했습니다. 또 주민들을 집으로 자주 초대해서 식사와 다과를 나누면서 주민들에게 먼저 다가가는 노력을 기울였다는 것입니다.

❹ 열린 마음으로 주민들에게 다가가는 것이 대단히 중요하고, 이 부분을 귀농 · 귀촌인이 명심해야 될 것 같습니다.

아무리 폐쇄적인 농촌이라고 해도 본인하기에 따라서는 충분히 극복될 수 있는 문제들입니다. 오 선생님은 봉사활동에도 열심입니다. '실버넷 뉴스'라는 노인들에 대한 정보와 소식을 다루는 인터넷 신문이 있는데 이곳에서 시민기자로 활동하며 마을의 이런저런 이야깃거리를 인터넷에 올리는 일도 합니다. 금년에는 경로당 총무를 맡으면서 '마을 신년 교례회'를 아주 폼 나게 기획해서 지역 인터넷 방송에 소개될 정도로 행사를 잘했다고 합니다. 아무튼 마을의 화합을 위해서 열심히 일하고, 밝고 즐겁게 살아가는 모습이 참 보기 좋았습니다.

❺ 귀촌한 오 선생님은 농사는 짓고 계시나요?

텃밭 규모보다는 훨씬 크게 농사를 짓습니다. 작년에 사과나무를 400평 규모에 200주 정도 심었고, 고추, 콩 같은 것도 600평 정도 경작합니다. 귀촌했지만 1,000평 정도의 토지를 소유했기 때문에 농지원부를 만들어서 귀농인으로서 받을 수 있는 지원도 받았다고 합니다. 이런 부분은 귀촌을 꿈꾸는 다른 분들도 참고하면 좋겠습니다. 또 앞으로 농장을 더 확장해서 농가 소득 1억 원에 도전하겠다는 당찬 포부도 있습니다.

40여년 교직 생활 후 귀촌

40여년의 교직 생활을 마감하고 귀촌한 지 4년을 맞이하는 오현섭 씨(68세, 청송군 현동면 인지리)의 남다른 농촌 정착 이야기가 잔잔한 감동을 주고 있다. 오씨는 교직 생활 시기의 대부분을 농촌에서 근무했다. 경주 · 영천 · 군위 등지의 초등학교에서 근무했으며, 청송과의 인연은 1996~2006년까지다. 청송에 정착하기 전 군위군 소보면의 송원초등학교에서 교감으로 정년을 마친 오씨는 '농촌이 살아야 도회지도 산다'는 지론의 소유자다. 청송과의 좋은 인연을 기억하고 있던 아내의 권유에 힘을 얻어 청송군 현동면 인지리에 터전을 잡기로 했다. 인지리는 현동면 소재지에서 1킬로미터도 안 되는, 사실상 면 소재지나 다름없는 곳이다.

오씨는 정착 후 흔히 '이방인'으로 여겨지는 귀농 · 귀촌인의 어정쩡한 신분을 탈피하기 위해 마을 주민들에게 먼저 다가가기로 결심했다. 무엇보다도 주민들과의 고립을 피하기 위해 주택을 마을과 인접한 도로변에 건축했다. 대지 661㎡에 건축 면적 132㎡ 남짓의 주택은 기름보일러, 태양열과 함께 장작을 땔 수 있는 '아궁이'가 있는 복합적인 구조다. 총 2억 원 정도가 소요되었다고 한다. 나머지 땅 중 일부는 주민이라면 누구나 이용할 수 있도록 배드민턴 구장을 조성했다.

그뿐만 아니라 주민들을 집으로 자주 초청해 다과를 베푸는 등 먼저 친해지려는 노력을 게을리 하지 않았다. 또 노인 전문 인터넷 신문인 실버넷 뉴스의 기자로 참여해 농촌의 정다운 이야기를 기사로 소개하는 등 마을 일에 남다른 관심을 가지고 적극적으로 참여하는 성의도 보였다.

이런 노력이 주민에게 인정받아 금년부터는 마을 경로당 총무를 맡게 되었다. 지역의 한 노인 단체 관계자는 "동네에 20년을 살아도 경로당 총무 자리는 외지인에게 쉽게 내주는 자리가 아니다"라고 할 만큼 마을 텃세가 있음을 인정했다. 이런 점을 감안할 때 불과 3~4년 사이에 마을의 중심에 선 오씨의 친화력이 돋보이는 대목이다.

오씨는 "귀농 · 귀촌인이 농촌에서 이방인으로 살 것인지, 그 지역 주민으로 살 것인지는 본인 하기에 달렸다"며 "귀농 · 귀촌인이 먼저 마음을 열고 다가가는 노력이 선행되어야 한다"고 강조했다. 특히 지난 1월에는 오씨 주도로 마을 단위에서는 드물게 품격 있는 '마을 신년 교례회'를 개최해 마을 화합에 기여했으며, 청송 인터넷 방송에 소개가 될 정도였다.

오씨는 농사에도 관심을 가져 지난해 1,322㎡에 사과 묘목 200여 그루를 심었다. 1,983㎡ 밭에 고추, 콩 등 농작물도 심어 도회지 지인들에게 나누어 주기도 했다. 농지원부도 보유하고 있는 오씨는 "앞으로 농장을 더 확장해 농가 소득 1억 원에 도전하고 싶다"는 당찬 포부도 밝혔다.

17

유기농업

❶ 농가 입장에서 유기농업이 좋은 점은 어떤 것들이 있을까요?

유기농업의 좋은 점은 무엇보다도 농가 입장에서는 농업 경영비를 절감할 수 있다는 것입니다. 가령 농약을 한 번 칠 때 수십만 원의 비용이 발생하는 것을 완전히 줄일 수 있다면 큰 이득이 되는 것이지요.

그리고 시장 거래에서도 상대적으로 좋은 가격을 받을 수 있는데 거의 30퍼센트 이상 소득 차이가 납니다. 간과하기 쉬운 중요한 부분은, 유기농을 하면 결국 농부 자신의 건강에 도움이 됩니다. 우리가 귀농하는 이유 중 하나가 소득도 중요하지만 결국 공기 좋은 곳에서 건강하고 풍요롭게 사는 것이라면 농약을 될 수 있으면 덜 만지고 배제하는 노력이 필요합니다. 그래야 오랫동안 안전하게 농업에 종사할 수 있을 것입니다.

❷ 청송 지역의 유기농업의 현황은 어떠합니까?

청송 유기농업의 역사는 오래되었다고는 하는데 의외로 순수하게 유기농업을 하는 농가는 4~5곳에 불과합니다. 전체 회원들은 100여 명 정도인데 그중에서 절반 정도가 유기농법식으로 농사를 짓는다고 하니까 청송군의 전체 약 5천 농가 중에서 0.01퍼센트도 되지 않는 비율입니다. 왜 이렇게 비율이 낮은가 하면 청송은 아시다시피 과수 농사를 많이 합니다. 그런데 과수 유기농의 단점 중 하나가 맛이 좀 부족하다는 것이 일반적인 평가입니다(물론 유기농가에 따라 맛이 다를 수 있고 또 맛은 주관적이기 때문에 개인이 느끼는 미각의 차이가 있을 수 있다). 아무리 유기농업으로 생산한 유기 농산물이라고 해도 결국 소비자들로부터 외면을 받는다면 의미가 없을 것입니다.

그래서 정부가 대안으로 내놓은 것이 GAP(우수농산물 인증제도)입니다. 이 인증을 받으려면 농약을 대폭 축소해야 합니다. 잔류 농약 검사를 꼭 통과해야 하는 시스템 있거든요. 그래서 완전 100퍼센트 유기농업은 아니지만 유기농법식으로 해서 농약 사용량을 크게 줄여나가는 방향으로 가고 있는 중입니다.

❸ 여러 가지 장점이 있는데도 불구하고 기존 농민들이 유기 농법을 시도하지 않는 이유에는 어떤 것들이 있을까요?

몇 가지를 들 수 있습니다. 우선 기존의 농민들은 농사에 대한 자기만의 고집이 있습니다. 그런데 이 고집의 근원을 가만히 들여다보면 어떤 새로운 농사법을 도입한다든지 혹은 따라간다고 할 때 어떤 두려움 같은 것이 있음을 발견할 수 있습니다. 까딱 잘못하면 한 해 농사를 완전히 망쳐 버릴 뿐만 아니라 몇 년 동안 그 후유증에서 벗어나기가 힘든 것입니다. 그래서 지금까지 해 왔던 나름대로 안전하다고 여겨지는 자기만의 방식이나 관행농법에서 벗어나기가 어렵습니다.

그리고 같은 맥락입니다만 유기농에 대한 확신이 없다는 것입니다. 심지어는 유기농법에 대한 어떤 불신까지도 가지고 있는데요. 주위에서 유기농법으로 농사짓는 사람들을 조롱하는 경우도 있다고 합니다. 아마 유기농을 하시는 분들 중에서 실패한 어떤 사례가 영향을 끼쳤을 수도 있습니다. 아무튼 유기농업으로의 전환은 기존의 농민들 입장에서는 엄청난 결단이 요구되는 사항임에는 틀림없습니다.

❹ 유기농업을 시도하려는 분들에게 조언을 한다면 어떤 것이 있을까요?

두 가지 정도를 말씀드리겠습니다. 첫째는 화학 농약을 단계적으로 줄여나가면서 천연 농약을 사용하는 것입니다. 유기농과 천연 농약은 불가분의 관계입니다. 천연 농약은 우리 주위에서 쉽게 구할 수 있는 풀이나 약초 혹은 독초를 이용해서 화학 농약을 대체해서 사용하는 것입니다. '자연을 닮은 사람들'이라는 단체의 사이트에서 다양한 정보를 얻을 수 있습니다. 둘째는 유기농업에 대한 확신이 설 때까지 자신의 토지 중에서 일부를 단계적으로 실행해 보는 것도 한 방법이 될 수 있습니다.

그리고 관행농법과 유기농법을 자신의 농지에서 확인해 보는 겁니다. 처음부터 너무 많은 농지에 실행하지 마시고, 2−3년에 걸쳐서 단계적으로 넓혀나가다 보면 유기농업에 대한 자신감도 생기고, 어떤 노하우도 생기게 될 것입니다. 그래서 완전히 확신이 설 때 전면적으로 실시하면 성공할 가능성이 높아지는 것입니다.

❺ 귀농인이 유기농업을 하려면 다른 접근 방식이 필요하나요?

귀농인이라고 해서 특별히 다른 접근 방식이 있는 것은 아닙니다. 유기농에 대한 충분한 이해가 선행되어야 합니다. 유기농은 무엇보다도 토양 관리가 기본입니다. 사실 모든 농사가 마찬가지지만 토양 관리가 제대로 되지 않으면 유기농법이 먹혀들지 않습니다. 토양 상태가 안 좋으면 작물이 병해충에 대해 면역성이 떨어지기 때문입니다.

관행농업에서는 화학 농약으로 방제를 하지만 유기농업에서는 천연 농약으로 방제하기 때문에 많은 노력이 소요되고 후에는 힘들어서 지치게 됩니다. 그래서 유기농업으로 가기 위해서는 적어도 2–3년 동안 차근차근 준비하는 과정이 필요합니다. 이 기간 동안에 퇴비를 충분히 주어서 토양의 힘을 끌어 올리는 과정이 선행이 되어야 합니다. 그리고 관행농법을 먼저 이해해야 합니다. 특히 귀농인은 관행농법 자체가 생소한 분들도 많고 어렸을 때 고향에서의 농사 경험이 있어도 오래전 일이기 때문에 다시 배울 필요가 있습니다.

❻ 관행농법을 이해하고 익혀나가는 것이 중요하다고 말씀하셨습니다. 그밖에 또 어떤 조언을 해주실 수 있을까요?

기본적으로 병해충에 강한 작물과 품종을 선택하는 것이 중요합니다. 예를 들어 같은 사과 중에서도 품종에 따라 재배법과 특성이 다릅니다. 그래서 주위의 경험 많은 분들과 꼭 상의해야 합니다. 또 하나는 유기농은 기존의 농사보다 30퍼센트 정도 더 부지런하지 않으면 성공할 수 없다는 사실을 기억해야 됩니다. 농사 자체가 부지런함을 기본으로 하는데 유기농은 훨씬 더 많은 관찰과 노력이 뒷받침되어야 합니다.

결국 30퍼센트의 농가 소득을 향상시키려면 그만큼 부지런해야 하는 것은 당연합니다. 마지막으로 말씀드리고 싶은 것은 귀농인은 '곧이곧대로' 농사짓는 특성이 있습니다. 경험이 부족하기 때문에 교육이나 강의, 자료집을 통해서 습득한 지식에 많이 의존하게 됩니다. 이것도 중요하지만 주변의 농가들을 자주 방문하고 정보를 교환하는 과정이 꼭 필요합니다. 농사라는 게 교과서만으로 되는 건 아니거든요. 실제 농가 현장에서 얻어지는 나름의 체험적인 지식이 있습니다. 이런 부분들을 배우고 공유하는 자세가 필요합니다.

예비 귀농인을 위한 '유기농법 상식 십계명'

한국농촌경제연구원에서 발표한 '국내외 친환경농산물의 생산실태와 시장전망'에 따르면 국내 친환경농산물 시장 규모는 2012년 현재 3조 809억 원에 달해 전체 농산물 시장의 9퍼센트 정도를 차지하는 것으로 나타났다. 또한 최근 5년 동안(2007~2011년) 연평균 12.2퍼센트 정도 성장하고 있고, 2020년에는 전체 농산물 시장의 약 20퍼센트 정도까지 성장할 것으로 예상돼 향후 우리 농업의 갈 길을 가늠케 한다. 따라서 귀농을 꿈꾸는 예비 귀농인, 일반 관행농법에 익숙했던 농가들이 한번쯤 관심을 가지고 생각해 볼 수 있는 '유기농법 상식 십계명'을 소개하고자 한다.

1. 유기농은 토양 관리를 기본으로 한다.

좋은 토양을 위해서는 충분한 유기질 퇴비와 미생물 배양이 전부라고 해도 과언이 아니다. 토양이 제대로 준비되지 않으면 성공적인 유기농법의 길은 멀기만 하다.

2. 유기농은 초저비용을 지향한다.

농업도 원가를 절감해야 하는 시대다. 화학 농약을 사용하는 관행농법에서는 원가를 줄여 나가기란 무척 어려운 일이다. '자연을 닮은 사람들'의 주장에 의하면 천연 농약은 평당 2천 원이면 충분하다고 한다. 실제 농가 현장에서는 다소 차이는 보이지만 절감이 되는 것은 확실하다.

3. 유기농은 지금보다 30퍼센트 더 부지런해야 한다.

농사 자체가 부지런함을 기본으로 하지만 유기농은 훨씬 더 많은 관찰과 노력이 뒷받침되어야 한다. 30퍼센트의 소득 향상을 위해서 그만큼의 부지런해야 하는 것은 당연하다.

4. 관행농업을 먼저 이해한 후 시작하라.

관행농법을 이해하라는 의미는 어떤 작물을 하든 과실을 한두 해 수확해 보라는 말이다. 그러면 그 작물에 대한 농사법을 기본적으로 이해하고 터득하게 된다. 이 바탕 위에 유기농을 시작하면 실패할 가능성이 적다.

5. 화학 농약을 단계적으로 줄여 나가라.

아직도 기존의 많은 농민은 유기농법에 대한 불신이 있다. 천연 농약이 얼마나 효과가 있겠는가에 대한 의문 때문이다. 그렇다면 기존의 농약을 조금씩 줄여 나가면서 그 효과를 검증해 보라.

6. 단계적으로 실행하라.

유기농에 대한 불신을 극복하기 위한 한 방법으로 자기 밭의 일부분에서 단계적으로 실행해 보는 것이다.

7. 자기 자신의 건강을 위해 시작하라.

농부는 농약과 더불어 한평생을 보낸다. 그만큼 위험에 노출된 채 살아간다는 말이다. 농약을 줄이거나 배제해

나가는 것은 결국 자신의 건강을 지켜나가는 지름길이다.

8. 병해충에 강한 작물, 품종을 선택하라.

구태여 병해충에 약한 작물이나 품종을 선택해서 어렵게 농사지을 필요가 없다. 처음부터 좋은 조건에 부합하는 작물, 품종을 선택하는 것이 합당하다.

9. 해충 기피제를 활용해 작물의 환경을 최대한 조성하라.

사람의 몸도 질병으로부터 예방하는 것이 가장 중요한 것처럼 유기농법도 마찬가지다. 병해충이 왔을 때 수고롭게 방제하기보다 미리 환경을 조성해 주는 것이 좋다.

10. 농가 간에 정보를 교환하라.

농사는 교과서만으로 되지 않는다. 비슷한 환경과 조건하에서 농사짓는 다른 농부들과의 정보를 교환하면서 끊임없이 배우고 적용해 가는 과정이 필수적이다.

18

도시 농업과 도시 농부

❶ 도시 농업, 도시 농부는 무슨 의미입니까?

도시 농부란 좁은 의미에서는 아파트나 주택의 베란다, 옥상의 공간을 이용해 친환경 농산물을 자급자족하는 사람들을 일컫는 말입니다. 넓은 의미에서는 주말농장을 운영하는 사람들까지 포함하는 개념이라고 보시면 됩니다. 특히 주말농장을 하는 사람들은 평소 귀농을 꿈꾸지만 자녀의 교육 문제, 경제적 여건 때문에 도시를 떠나지 못하는 경우가 많습니다. 도시 농부의 역사를 보면 2005년 서울에서 첫선을 보였습니다. 도시 농부를 키우는 도시농부학교도 점차 늘어나는 추세입니다. 영국은 런던에 거주하는 시민들의 약 14퍼센트가 과일이나 채소를 자체적으로 재배한다고 합니다. 이런 텃밭은 주로 공유지에 조성되어 있는데 가구당 약 76평 정도의 규모라고 하니까 비교적 규모가 큰 것으로 보입니다.

❷ 도시농부학교에서는 주로 어떤 것을 배우는지 궁금합니다.

지역에 따라 프로그램이 조금씩 다르긴 합니다만 대구에서 운영 중인 한 곳을 소개하겠습니다. 8주 과정으로 가장 기본적인 흙에 대한 이야기부터 작부 체계와 작물 재배법, 그리고 절기력과 재배력도 배웁니다. 특히 절기력과 재배력을 잘 알면 한 해의 영농 일지를 만들어 가는데 큰 도움이 됩니다. 또 작물에 대한 영양장애, 병해충 진단 과정, 천연 농약 만들기, 흙에 유기물질을 넣어 좋은 토양 만드는 상토와 모종 만들기, 거름 만들기에 대한 강좌도 있습니다. 그리고 GMO와 같은 유전자 변형에 관한 것이라든지 하는 농업 관련 이슈나 상식에 대해 공부하게 됩니다. 이런 과정을 공부하다보면 자연스럽게 로컬 푸드나 우리 먹거리 체계라든지 농업에 대한 안목이 길러지게 됩니다.

❸ 귀농인에게 도시농부학교의 수업이나 텃밭을 직접 가꾼다는 것이 의미 있을 것 같은데 어떻습니까?

도시농부학교 참여하는 사람들 대부분이 주말농장을 한번 운영해 보겠다는 포부들이 있습니다. 귀농을 생각하는 분들에게는 귀농 준비 과정으로 활용할 수도 있습니다. 도시농부학교는 일반 과정과 전문가 과정으로 나누어져 있는데, 전문가 과정은 귀농 교육 수준과 별반 차이가 없을 정도로 수업이 깊이가 있습니다.

교육을 받고 도시 근교에 자기만의 텃밭이 있다면 여러 가지를 시도해 볼 수 있는 이점이 있습니다. 연습 삼아 유기농을 시도해 보는 것도 좋은 경험이 될 것입니다. 그리고 도시농업학교에서 여러 사람과 맺은 사회적 관계는 장차 직거래 시스템을 만들 때에도 도움이 됩니다. 또 도시농부학교를 마친 사람들이 생활협동조합 같은 것을 결성해서 공동으로 매장을 운영해 볼 수도 있습니다. 아울러 귀농인의 농산물도 연계해서 판매하면 유익하지 않을까 생각합니다.

❹ 지자체 입장에서 도시 농업, 도시농부학교를 어떻게 받아들여야 하고 귀농 정책과 관련해서 의견이 있다면 말씀해 주세요.

지자체 입장에서는 귀농 정책을 수립하는 데 참고가 되는 부분이 있다고 생각합니다. 예를 들어 주말농장이나 도시 농업에 종사하는 분들이 귀농을 실행할 때 어떤 인센티브를 주는 것입니다. 대부분의 귀농인은 농사 경험이 전혀 없습니다.

귀농 전에 도시 농사 경험이 있는 분들은 상대적으로 정착 성공률이 높을 것입니다. 지자체 입장에서는 이런 분들이 들어와서 잘 정착하면 결국 지역 경제 활성화에 도움이 될 것입니다. 그러므로 세심한 지원과 정책, 좋은 조건을 마련해 주면 좋을 것입니다.

방송에서 못 다한 이야기

친구 중에 대구에서 직장 생활을 하면서 근교에 제법 규모가 있는 농지를 소유하고 농사짓는 이가 있다. 직장 혹은 사업과 도시 농업을 병행하는 것이 어쩌면 귀농에 대한 여러 가지 부담감을 극복할 수 있는 한 방법도 될 수 있다고 생각한다. 사실 새로운 농지를 확보하고 농가주택을 짓는 게 만만한 일은 아니다. 농촌의 땅값이 옛날처럼 1만 원, 2만 원 하는 것도 아니다. 그야말로 수억이 들어가는 일이다. 도시 농부가 되어 귀농을 착실히 준비하든지 그 자체로 살아가는 것도 나쁘지 않은 일이다.

19

귀농 선도농가 사례

① 귀농 선도농가는 귀농에 성공하신 분의 이야기이지요. 어떤 농가인지 소개해 주세요.

오늘 소개할 분은 제가 여태껏 만나본 귀농인들 중에서 귀농에 관한 한 가장 모범적인 분들로 귀농의 교과서라고 할 수 있습니다. 바로 청송군 현동면 인지리에 사는 김학태, 박월수 씨 부부입니다 이분들은 50대 초반으로 귀농하신 지는 이제 4년차 됐습니다. 귀농 원칙 중 하나가 그 지역에서 많이 하는 작물을 선택하는 것입니다. 김학태 씨 부부도 어김없이 사과의 고장 청송에서 사과 농사를 4년째 짓고 있습니다. 첫 수확을 한 재작년을 비롯해서 작년 농사까지 준비가 철저했던 만큼 이제는 가히 '귀농 선도농가'라 불릴 만합니다.

작년에 사과 가격이 좋지 않아서 어려움을 겪은 농가들이 많았지만 이들 부부는 일반 농가들보다도 40~50퍼센트 정도 가격을 더 받을 정도로 농사를 잘 지었습니다. 6,000㎡(700주) 농장에서 발생하는 소득이 상당합니다. 사과의 품질이 좋아서 당연히 공판장을 거치지 않고 중간상인을 통해서 전량 서울의 백화점 등으로 출하되었습니다. 과수원이 많이 크지도 않고 조금 여유를 가지고 농사를 지을 수 있는 규모라서 박월수 씨는 수필가로 등단한 지 5~6년 정도인데 지역 신문에 칼럼도 꾸준히 기고하고 각종 문인단체에서 활발하게 활동하고 있습니다. 다른 귀농인들도 이분들처럼 생활이 조금만 안정되면 좋아하는 취미 생활이나 여가를 즐길 수 있다면 이것이야말로 농촌생활이 선사하는 선물이 아닐까 합니다.

❷ 가장 모범적인 선도농가라 하셨는데 구체적으로 어떤 부분이 남다른 점이라고 할 수 있을까요?

몇 가지를 들 수 있겠지만 일단 이분들은 충분한 준비 기간이 있었다는 것입니다. 귀농에 실패하는 사람들 대부분은 즉흥적이거나 짧은 시간 안에 결정해야 하는 상황으로 내몰리는 경우가 많거든요. 그러다가 사전 준비가 부족했던 대가를 나중에 톡톡히 치르게 됩니다.

그런데 이분들은 십 년 전부터 귀농을 준비했습니다. 십 년이라는 기간을 그냥 막연하게 언젠가는 귀농해야지 하는 생각만 하지 않고 주말이나 휴일을 이용해서 과수원이나 농촌 체험을 꾸준히 했다는 것입니다. 대개 귀농 교육 프로그램에 참여해도 1-2농가를 견학하는데 사실 수박 겉핥기식 일 수밖에 없거든요. 그런데 십 년 동안 농가 체험을 꾸준히 하면서 현장에서의 생생한 체험과 교육이 큰 도움이 되었다고 합니다.

❸ 십 년 동안 준비했다면, 성공할 수밖에 없겠다는 생각이 듭니다. 또 다른 성공 포인트가 있다면 어떤 점인지도 알려주시죠.

이분들이 잘 준비한 것이 좋은 귀농 교육 프로그램에 참여했다는 점입니다. 귀농 교육은 전통적으로 귀농 단체를 중심으로 많이 이루어지고 있지만 요즈음은 대학에서도 특성화된 교육 과정을 개설해서 잘 운영하고 있습니다. 이 부부는 모 대학에서 운영하는 귀농 교육 과정을 이수했습니다. 이곳은 다른 교육 기관에 비해 경쟁률이 높은 편입니다.

총 비용이 500만 원 정도 드는 데 자부담이 50만 원 정도입니다. 나머지는 관련 기관의 지원을 받아서 운영됩니다. 3개월 과정으로 특별히 부부가 함께 합숙하며 공부합니다. 다른 지역에서는 대개 출퇴근하면서 교육받는 경우가 많은데 이곳은 '귀농사관학교'처럼 교육합니다. 또 3개월 과정 안에 2주 농가 체험을 할 수 있는 프로그램이 있습니다. 농가 체험은 주로 선도농가에서 이루어집니다. 옛날 말에 '용장 밑에 약졸 없다'고 했습니다. 선도농가의 농장 체험을 통해서 농사 비법을 전수받을 수 있습니다. 이런 과정을 통해서 선도농가로 가기 위한 발판이 마련된다고 할 수 있습니다.

❹ 체계적인 준비를 통해 귀농했는데, 실제 정착했을 때의 어려움은 없었는지 또 귀농 이후의 과정도 궁금합니다.

이분들은 귀농한 후에 바로 청송군에서 실시하는 강소농 교육 과정에 입문했습니다. 강소농 육성은 농촌진흥청에서 실시하는 전국 단위의 사업입니다. 대개 농촌 지자체에서는 작은 규모의 영농을 하는 분들 중에서 40~50농가를 선발해서 매달 교육을 실시하고, 선진 농가를 견학하면서 배우는 과정입니다.

또 평소에는 가까운 거리에 사는 농가들이나 같은 작물을 하는 농가들끼리 정기적인 모임을 만들어서 수시로 정보를 교환하는 일종의 '농가 사랑방'에 참여하게 됩니다. 그래서 이런 강소농 과정에 2년 동안 참여하게 된 것도 큰 도움이 되었다고 합니다.

❺ 성공 귀농에 비결에 대해서 김학태 씨는 어떻게 말씀하십니까?

귀농 성공 비결에 대해서 '가족 간의 합의, 지지, 연대가 가장 중요하다'고 주저 없이 강조합니다. 진정한 귀농은 모든 가족이 함께하는 것입니다. 그래서 가족의 동의를 구하는 것이 필수이고 중요하다고 할 수 있지요. 실제로 주변에 남편만 귀농하는 경우가 간혹 있는데 이런 분들은 정착하지 못하고 중도에 포기하는 경우가 많습니다. 이 부분을 꼭 참고하시기 바랍니다. 부부 중 혼자 귀농하거나 가족들의 지지를 받지 못하는 귀농은 실패할 수밖에 없습니다.

한편 이들은 선도농가답게 앞으로 사과 외에도 지역에 적합한 다양한 대체 작물의 필요성을 내다보고 구상 중에 있다고 합니다.

농림축산식품부와 통계청 발표에 따르면 작년 귀농 인구가 사상 최대인 3만 가구를 훌쩍 넘었을 정도로 귀농이 대세이긴 하지만 잘 준비된 귀농만이 성공을 보장한다는 사실을 명심해야 합니다.

20

시대적 대세가 된 귀농 · 귀촌

❶ 농림축산식품부와 통계청(2013. 3. 20)은 귀농 · 귀촌 가구가 3만 2424가구라고 발표했습니다. 예년에 비해 상당히 늘어난 수치인데 어떻게 보십니까?

일반인들은 이 수치가 가지는 함의에 대해 무감각할 것입니다. 2012년 통계를 보면 27,000여 가구가 귀농 · 귀촌 했었는데요. 작년에 3만 가구를 넘어선 것이지요.

❷ 주변에 귀농 · 귀촌 인구가 늘었다고 해도 사실, 3만 가구라는 것이 실감이 나지 않는데 수치만 놓고 봐도 적지 않은 상승폭입니다.

귀농 · 귀촌의 역사를 짚어 보면 이 수치가 얼마나 대단한지 알 수 있습니다. 무슨 말이냐 하면 2012년을 제외하고 2001년부터 2011년까지 대략 십 년 동안의 통계를 보면 대략 3만 가구 정도가 되거든요.

그러니까 작년 한 해 귀농 · 귀촌 가구가 지난 십 년 동안의 수치와 거의 비슷하다는 것입니다. 통계가 말해 주는 것처럼 귀농 · 귀촌이 사회적 흐름이 된 것은 분명하지만 저는 이 통계의 내면을 잘 들여다보는 안목이 필요하다고 봅니다. 그렇지 않으면 IMF 직후의 '묻지마식' 귀농이 다시 재연될 수 있기 때문입니다.

❸ 십 년 동안 3만 가구였는데 일 년에 3만 가구가 됐습니다. 그야말로 귀농 · 귀촌 시대라는 말이 와 닿는데, 귀농 · 귀촌 3만 가구 시대가 시사하는 부분에 대해서 어떻게 볼 수 있을까요?

우선 총체적인 면에서 말씀드리면 우리 사회가, 특히 도시에서의 삶이 상당히 팍팍해졌다는 것을 의미합니다. 과거 60년대, 70년대의 경제개발시대에는 사람들이 도시로 몰려들었습니다. 왜냐하면 당시의 도시는 농촌보다 임금이 높은 일자리를 많이 제공해 주었기 때문입니다. 하지만 지금의 도시는 일자리 창출도 되지 않고 그나마 있는 일자리도 소위 비정규직화 되어서 고용이 매우 불안정한 상태입니다. 귀농 · 귀촌 3만 가구 시대에 대해 많은 언론이 해석하기를 '베이비붐 세대의 은퇴와 전원 생활에 대한 인식변화에 따른 영향'이라고 풀이하지만 이것은 정확한 해석이 아니라고 봅니다.

문제는 이런 사회적 흐름이 무엇을 반영하고 있는지 정확하게 인식할 필요가 있습니다. 표면적으로 보면 그럴듯하고 낭만적이기도 합니다. 그러나 우리가 주위에서 보는

'귀농 · 귀촌인'들의 모습은 사실 그렇지 않습니다. 물론 '아름다운 선택', '아름다운 귀농'도 있지만 대부분의 경우 매우 지쳐 보이고 힘들어 합니다. 그들은 이 아름다운 선택을 준비할 겨를도 없이 농촌으로 내몰려진 사람처럼 보입니다.

❹ 베이비붐 세대라고 하면 1955~1963년 사이에 태어난 분들을 뜻하는데, 이분들이 귀농을 주도하고 있다는 이야기네요?

귀농 · 귀촌의 흐름을 주도하고 있는 것은 맞지만, 사실 이분들은 이미 40대 중반에 직장에서 본의 아니게 은퇴했습니다. 그래서 정확하게 말씀드리면 일찍 은퇴하고 도시에서 나름대로 살아보고자 몸부림쳤지만 더이상 희망이 없는 상태에서 농촌으로 내몰리고 있는 상황이 통계가 갖는 의미라고 봅니다.

그런 분들을 위해 의미 있는 통계를 제시하고 싶습니다. 한국노동경제연구원에서 2010년도에 발표한 〈베이비붐 세대의 근로생애 연구〉라는 자료가 있습니다. 이 자료는 직장 남성(가장)이 45세가 됐을 때 직장에서의 생존율이 얼마인가를 제시해 주고 있습니다. 베이비붐 세대의 중간이라고 할 수 있는 '60년대생'들의 경우 고작 20퍼센트 정도밖에 되지 않습니다.

베이비붐 이전의 세대들이 많게는 80퍼센트 정도 생존율을 보였던 것에 비하면 형편없는 수치입니다. 오죽하면 45세가 정년이란 뜻의 '사오정'이라는 신조어가 만들어졌겠습니까? 이번에 발표된 통계에도 40대 이하의 가구수가 2년 연속 1만 가구를 넘어서고 있는 것도 예사롭지 않습니다. 그러므로 베이비붐 세대의 실제 은퇴는 40대 중반에 이미 시작되었고 그들이 50대에 접어들 때까지 나름대로 버티는 삶을 살다가 귀농으로 이어지는 선택을 하는 것입니다.

❺ 그렇게 생각하시는 근거는 무엇인가요?

저는 귀농 · 귀촌에 대한 문제를 낭만적으로 봐서는 안 된다고 주장하는 사람 중에 한 사람입니다. 사람들이 도시에 살다가 농촌으로 이주하는 것은 단순히 전원 생활이 그립고 공기 좋은 곳에서 살고 싶어서 오는 것이 아니라는 것이죠. 그런 사람들이 있기는 합니다. 하지만 그런 분들은 도시에서 사는 데 문제가 없는 분들입니다. 대부분의 사람들은 도시에서 더이상 버티기가 어려워졌기 때문에 새로운 삶의 돌파구를 찾기 위해서, 인생 이모작을 위해서 농촌을 생각합니다.

❻ 45세가 정년이란 뜻의 '사오정'이라는 말도 있습니다. 이밖에 우리가 또 주목해야 될 점이 있다면 어떤 것이 있을까요?

우리가 주목해야 될 부분은 사람들이 귀농 · 귀촌을 선호하는 지역입니다. 경기도가 9,430가구로 전체 29퍼센트 정도를 차지하고, 충북이 4,900여 가구, 강원도가 3,700여 가구 순으로 집계되었습니다(경북은 귀농 · 귀촌을 합한 수치가 3,496가구, 그러나 귀농 가구만 보면 2,087가구로 전국 1위다). 이 세 지역을 합치면 전체 귀농 · 귀촌 가구수의 절반이 훌쩍 넘는 수치입니다. 이 세 지역이 아무래도 수도권 인구가 많기 때문에 통계 또한 수도권 중심으로 나올 수밖에 없다는 생각이 듭니다.

저도 서울에서 잠시 살아봤지만 서울 사람들은 가능하면 서울을 많이 벗어나는 것을 원치 않습니다. 단지 불편하게 여기는 정도가 아니라 두려워하는 경향마저 있습니다. 경기도, 충북, 강원이라는 지역은 서울에서 1~2시간 이내의 거리라는 특성이 있습니다. 이런 것이 많이 고려된 선택이라고 여겨지는데 그러나 좀더 과감한 지역 선택이 필요하다고 생각됩니다.

청송은 매년 100여 가구 정도가 귀농 · 귀촌합니다. 그들의 속사정을 들어보면 저마다 기구하고 절박한 사연을 가진 이들이 많습니다. 그들을 더이상 '이방인' 취급하지 말고 따뜻한 위로의 말 한마디 건네는 것이 어떨까 합니다. 그들이 선택한 청송을 통해서 새로운 인생의 돌파구를 활짝 열어갈 수 있도록 도움을 주는 우리들이 되기를 기도해 봅니다.

21

농촌 생활에서 주의해야 할 일

❶ 귀농인이 기존의 주민들과 화합해서 농촌을 발전시켜야 하는데 귀농인들 입장에서 조심해야 될 것이 많은 것 같습니다.

최근에 저희 지역에 사는 사람들과 얘기하면서 귀농인에게 조언해 준다면 어떤 말씀을 해주고 싶냐고 물었던 적이 있습니다. 그랬더니 몇 가지 귀담아 들을 얘기를 해 주었습니다. 귀농인은 어떤 문제가 있을 때 농촌의 관습을 너무 무시하거나 주위 분들과 먼저 대화로 풀지 않고 군청이나 면사무소에 민원부터 제기한다는 것입니다. 농촌 민원의 약 70퍼센트 정도를 귀농인들이 제기하는 것 같다는 얘기도 있습니다.

조용한 농촌 마을이 한두 사람 때문에 시끄러워진다는 것이지요. 귀농인 입장에서 어떤 피해의식 같은 것이 있을 수도 있겠지만 문제를 차근차근 풀어가는 지혜가 필요합니다. 또 너무 귀농인 끼리만 어울린다는 충고도 했습니다. 서로가 공감이 가는 부분이 많기 때문에 그럴 수도 있겠지만 결국 마을 사람들과 잘 어울리는 것이 장기적으로 보면 마음 편히 살 수 있는 길입니다.

❷ 이 외에도 귀농인이 마을 사람들과 어울릴 때 주의해야 될 구체적인 부분들은 무엇인가요?

이 부분에 대해서 귀농단체 회원들이 그동안 겪은 사례와 경험들을 나눌 수 있는 기회가 있어서 몇 가지만 말씀드리겠습니다. 우선 마을 사람들과 대화할 때 혹시 다른 사람 흉을 보더라도 절대로 적극적으로 동조하면 안 됩니다. 자칫 덤터기를 쓸 수도 있습니다. 그냥 듣기만 하는 것이 지혜로운 처신입니다.

그리고 마을 사람들을 아침과 저녁으로 볼 때마다 인사를 잘해야 하고, 이웃에서 농기구나 기계를 빌렸을 때는 말하기 전에 빨리 돌려주고 절대로 빈손으로 가지 말고 반드시 작은 인사를 표시하는 것이 좋습니다. 또 농촌 계산법이라는 게 있습니다. 이웃에서 고추 모종이나 묘목이 남았다고 그냥 주더라도 시세 가격으로 계산해서 주어야 나중에 뒤탈이 없습니다. 이해가 잘 안 될 수도 있는데 이렇게 하는 것이 순조롭게 정착하는 데 도움이 됩니다.

❸ 농촌 계산법도 신기하고, 생각보다 농촌에서 생활하는 것이 쉽지만은 않은 것 같습니다.

귀농인들이 농촌에 적응하기 어려운 부분이 바로 이런 구체적인 생활에서 도시와는 다른 것이 많기 때문입니다. 도시에서는 옆집이나 앞집에 살아도 인사도 없이 지내는 경우가 많고, 이웃이 누구인지 모를 정도로 폐쇄적입니다.

그러나 농촌에서는 이웃의 집에 숟가락이 몇 개인지 알

정도로 개방적입니다. 담도 없고 대문도 잘 없습니다. 문 열고 나가면 바로 이웃과 만나기 때문에 어느 정도 시간이 지날 때까지는 조심해야 될 부분들이 많습니다. 그리고 이웃에게서 농산물이나 작은 선물을 받았을 때에도 반드시 그 이상 제때 보답을 해야 뒷말이 없습니다. 이런 것은 아마도 농경 사회에서 화폐가 발달하기 전의 물물교환의 관습이 남아 있기 때문이라고 추측합니다. 또 이렇게 서로 주고받음으로 정이 쌓이는 면도 있으니 때를 놓치지 않도록 주의하는 것이 좋습니다.

❹ 아주 실제적인 이야기입니다. 또 어떤 부분이 있는지 말씀해 주세요.

마을의 각종 모임에 빠지지 않고 잘 참석하는 것이 좋습니다. 그리고 부득이 하게 참석하지 못할 경우에는 간식, 작은 성의라도 찬조하시는 것이 좋은 이미지를 심어주는데 도움이 됩니다.

방송에서 못 다한 이야기

필자가 농촌에 와서 생생하게 경험하는 것은 농촌은 '마을' 혹은 '공동체'라는 개념이 확실히 살아 있구나 하는 것이다. "발 없는 말이 천리를 간다"는 말이 딱 그렇다. 마을과 마을이 경계가 없는 것 같아도 분명히 경계가 있고 그러면서도 정보의 소통은 순식간에 이루어진다. 물론 부풀려지고 왜곡되는 경향도 없지 않다. 분명한 것은 그 나름의 작동되는 체계가 있다는 점이다. 귀농인은 특히 인심을 잃지 않도록 주의해야 하고 낮은 마음으로 먼저 다가가는 노력이 중요함을 잊지 않아야 한다.

---

* 귀농해서 발생하는 민원 중 대부분이 주택 관련 문제다. 주택을 지을 때에는 반드시 전문가의 사전 자문을 받는 것이 좋다. 전문가는 건축사, 건축 관련 공무원을 들 수도 있겠지만, 그 지역의 이장과 사전에 잘 상의하는 것이 중요하다.

마을과 너무 외딴 곳에 집을 짓고 상수도관을 연결해 달라고 하면 민원이 발생할 수 있다. 귀농 · 귀촌인 입장에서는 당연한 요구처럼 보이지만 한 가구의 상수도관 때문에 지자체의 상당한 예산이 들어갈 수 있다. 이는 갈등의 원인이 되기도 한다. 그렇다고 마을에 집을 지으면 불편한 문제들을 감수해야 한다. 불편함이란 어른들에게 일일이 인사하고 살아야 한다든지, 농촌의 조용한 저녁 문화에 익숙해져야 하는 것이다. 그리고 마을의 기존 주택(주로 헌집)들과의 생기는 약간의 이질감 등을 들 수 있겠다. 한 가지 팁을 드리면 마을 끝에서 너무 벗어나지 않는, 소위 심리적 경계 지역을 벗어나지 않고 집을 짓는 것이다. 상수도도 그 끝 집에서 연결되기 때문에 이 거리를 잘 계산해야 한다. 벗어나지도 그렇다고 붙어 있지도 않은 애매한 거리에 주택을 짓는 것이다. 그리고 향후 자신의 집 주위로 다른 귀농 · 귀촌인들이 집을 지을 수 있는 여지도 고려하면 더욱 좋을 것이다.

22

귀농성공예측검사

❶ '귀농성공예측검사'가 어떤 것인지와 만들게 된 계기를 말씀해 주세요.

이 검사는 제가 나름대로 많은 귀농인을 만나고 또 예비 귀농인을 상담하면서 만들게 되었습니다. 그동안 만난 귀농인과 예비 귀농인은 의외로 귀농에 대한 준비가 부족해서 많은 시행착오를 겪고 있는 분들이 많았습니다.

이런 시행착오를 미연에 방지하기 위해서 사전에 철저한 귀농을 준비하라는 차원에서 만들었습니다. 특히 설문이 자신의 '귀농 준비도'를 계량화해서 객관적으로 인식하게 하는데 그 의의가 있습니다. 다시 말씀드리면 이 검사를 통해서 자신의 어떤 부분이 부족하고 잘못 알고 있는 것이 무엇인지를 인식할 수 있기 때문에 예비 귀농인이라면 귀농 전에 꼭 한번 검사하기를 권합니다.

❷ 설문 구성 내용과 평가 방법에 대한 설명 부탁드립니다.

이 설문지는 총 20문항에 알기 쉽게 100점 만점으로 구성되어 있습니다. 기존에 이와 유사한 검사 도구가 없는 것은 아닙니다. 한 광역 자치단체의 연구기관에서 만든 《귀농 가이드》라는 책자에 '전원 생활 적합도', '귀농 테스트'라는 검사 도구가 있는데 실제 귀농인들 입장에서 보면 조금은 뜬구름을 잡는 듯한 질문도 있고, 농촌이나 귀농의 현실을 반영하기에는 좀 부족한 것이 있습니다.

그래서 저는 귀농하는 데 있어서 가장 현실적이고 핵심적인 부분들을 경험적으로 정리했습니다. 그런데 이것을 계량화한다고 할 때 20문항 전체를 똑같은 점수를 주어서 평가할 수는 없다고 생각했습니다.

❸ 각각의 항목에 비중을 다르게 뒀다는 말씀이군요?

20문항 중에서 대략 7문항 정도는 상대적으로 가중치를 주는 것이 맞는다고 생각합니다. 그래서 20문항에 예스라고 대답하면 각각 4점을 주도록 했습니다.

그러면 20문항이니까 80점이 됩니다. 여기에 7문항의 가중치의 합이 15점입니다. 그러면 95점이 되는데 나머지 5점은 이 검사표가 잡아내지 못하는 자기만의 강점이 있을 수 있다고 생각합니다.

이것을 5점으로 배분해서 100점 만점이 되게 했습니다. 그래서 이 검사표가 '귀농 상담'이나 '귀농 컨설팅' 단계에서 중요한 참고 자료가 될 거라고 기대합니다.

❹ 말씀하신 가중치를 부여하는 항목들을 보니까 '귀농속으로' 코너를 통해서 그동안 강조했던 내용들이 집약되어 있다는 생각이 듭니다.

그동안 방송했던 내용들 중에서 여기에 해당되는 부분이 많을수록 상대적으로 유리한 위치에 서 있을 수밖에 없다고 생각합니다.

잠깐 소개하면 첫째, 좋은 귀농 교육 프로그램의 이수 여부, 둘째, 대출이 얼마나 용이한지, 셋째, 고향이나 연고가 있는 지역으로의 귀농했는지, 넷째, 자녀들이 교육(중고등학교 과정)을 다 마쳤는지, 다섯째, 다년간의 SNS, 카페, 블로그 운영 여부, 여섯째, 좋은 귀농 멘토가 있는지의 여부, 일곱째, 주말농장 운영의 경험 등을 들 수 있습니다. 이런 항목에 해당되는 분들이 많다는 것은 결국 나머지 항목에서도 좋은 점수를 얻을 수밖에 없겠지요.

❺ '귀농성공예측검사'에 대한 주변 분들의 반응은 어떻습니까?

이 검사표는 지난 6개월 동안 많은 고민 끝에 만들어졌습니다. 이 검사표를 접한 분들은 대체로 공감이 된다고 하셨습니다. 실제로 저희 단체 회원을 비롯해서 제가 만나는 귀농인들을 대상으로 검사해 보기도 했습니다.

역시 검사표 상으로 높은 점수가 나오는 분들이 잘 정착하고 있고, 반대로 어려움을 겪는 분들은 이 점수표 상으로도 낮은 점수를 보이는 것으로 조사됐습니다.

❻ 어느 정도 예측검사가 맞아 떨어진다는 말씀인데, 앞으로 해결해야 할 숙제들도 있겠지요?

두 가지 과제가 남아 있습니다.

첫째는 실제 조사를 통한 많은 사람의 검증 작업이 필요합니다. 둘째는 예비 귀농인을 대상으로 검사했을 때 나오는 점수에 대해서 일정한 구간을 정하고 또 구간별로 어떤 의미를 부여하느냐 입니다.

가령 귀농 성공 가능성이 높다든지, 실패할 가능성이 높다든지, 좀더 준비가 필요하다든지 하는 구간대를 몇 개로 구분하느냐 하는 것은 많은 자료를 취합하다 보면 어떤 일정한 분포도를 형성하게 되지 않을까 하는 가설을 가지고 있습니다.

❼ '귀농성공예측검사'를 받고 싶은 분들이나 자료가 필요한 분들을 위한 안내 부탁드립니다.

자료가 필요하거나 검사받기 원하는 분은 '청송귀농귀촌고민센터'로 전화주시거나 청송귀농귀촌고민센터 인터넷 카페에 들어오면 자료가 탑재되어 있습니다. 많이 이용해 주시고 좋은 의견을 남겨 주시면 감사하겠습니다.

방송에서 못 다한 이야기

성공 귀농이라는 말에는 솔직히 어폐가 있다. 정확하게 표현하면 정착이라는 단어가 더 잘 어울린다. 이 검사는 앞에서 언급했던 것처럼 '귀농 준비도'를 수치화했다는 것에 의의가 있다. 필자가 지금까지 만나본 귀농인(예비 귀농인 포함)을 대상으로 조사에서 70점을 넘긴 사람들이 거의 없었다.

일반적인 점수의 개념에서 70점은 결코 높은 것은 아니지만 이 검사에서는 소위 성공 가능성이 매우 농후하다고 판단한다. 더 엄밀히 말하면 본인의 강점 점수의 최대치인 5점을 감안해서 55점 전후로만 되어도 양호한 것으로 본다. 물론 하나의 참고사항에 불과하지만 자신의 '귀농 준비도'를 냉철하게 잘 살펴보는 것은 아무리 강조해도 지나침이 없다.

귀농성공예측검사
– 20가지 평가 항목

1. 10시에 자고 아침 5시에 일어나는 데 문제가 없다.

농부는 부지런함이 몸에 배어야 한다. 이런 생활에 익숙할 것을 각오하지 않으면 성공적인 농사를 기대하기 어려울 것이다.

2. 최대 2억 원을 대출받는 데 필요한 담보나 신용 등에 문제가 없다.

농협 관계자의 빌리면 농정과의 추천을 받아 막상 대출을 신청해도 실제 실행되는 사람은 약 50퍼센트 정도라고 한다. 결국 신용과 담보 능력이 중요하다. 일반 귀농인은 무조건 자격이 되는 것으로 오해하고 있다.

3. 주말농장을 운영하고 있다.

흙을 만져 보고 작은 텃밭이라도 해본 사람은 그렇지 않은 사람과 분명 다르다.

4. 농촌 체험 프로그램에 참여한 적이 있다.

농촌과 농사에 대해 문외한인 사람은 이런 경험도 소중하다.

5. 난 고향이 농촌이고 어릴 때 농사를 지어봤다.

일자형 귀농인보다 유턴형 귀농인이 아무래도 유리하다.

6. 최근 1년 동안 농촌 관련(농산물 가격, 농촌 정보) 뉴스에 관심이 많다.

평소 귀농을 염두에 두고 있는 사람은 농촌 관련 소식를 유심히 살필 것이다. 어느 날 갑자기 전혀 준비되지 않은 귀농을 하게 되면 시행착오를 많이 겪게 될 것이다.

7. 3개월 이상 귀농 교육을 받았다.

귀농 교육은 농촌의 현실과 농사 정보에 큰 도움을 주는 것이 사실이다. 이런 교육을 통해 정말 귀농을 실행하든지 아니면 중도 포기할 수도 있을 것이다.

8. 귀농 예정 지역에 친지나 지인들이 있다.

연고의 중요성은 아무리 강조해도 지나치지 않음과 동시에 정착 초기에 지인들과의 교류는 실제로 많은 도움을 준다.

9. 기본적인 농기계나 농기구를 다룰 줄 안다.

크게 중요한 것은 아니지만 농기계와 농기구를 다룰 줄 안다면 도움이 될 것이다.

10. 가족들은 나의 귀농을 전폭적으로 동의한다.

가족의 동의가 없는 귀농은 결국 많은 갈등과 실패의 위험성을 안고 있다. 가족의 동의를 얻어가는 과정이야말로 귀농의 첫 단추를 꿰는 일이다. 뿐만 아니라 가족의 전폭적인 동의는 시련과 어려움을 이겨내는 힘이 된다.

11. 현재 블로그, 카페 또는 SNS를 운영하고 있다.

직거래의 의미다. 사회적 관계망이 든든한 사람은 상대적으로 높은 소득을 보장받을 수 있다.

12. 주변 사람들에게 나의 귀농이 '아름다운 귀농'임을 설명할 수 있다.

귀농이 도시에서의 낙오자, 패배자의 산물이 아니라 농촌을 사랑하고 당당하고 소신 있는 결정의 산물이라면 도시 지인들은 그가 생산한 농산물을 신뢰할 것이다.

13. 귀농 관련 책을 3권 이상 읽었다.

귀농에 대한 현실과 다양한 정보는 사전 준비를 위해서 필수적이다. 책에서 얻은 정보는 귀농을 준비하면서 확인하는 과정을 거치면서 더 단단해질 것이다.

14. 현재 큰 부채는 없다.

부채는 농사를 조급하게 만들고 악순환의 단초가 될 수 있다.

15. 귀농하면 성공할 수 있다는 자신감이 있다.

긍정적인 마인드가 중요하다. 불안과 두려움으로 시작하기보다 긍정적인 자세는 농사를 배우고 익히는 데 큰 도움이 된다.

16. 귀농하면 '귀농 멘토'가 되어줄 사람이 있다.

귀농 멘토는 귀농의 성패를 결정짓는 중요한 요인 중의 하나다. 편하게 물어 볼 사람, 신뢰할 수 있는 사람, 농사 경험이 풍부한 사람이 주위에 있다는 것은 큰 자산이 아닐 수 없다.

17. 귀농하면 2년 동안 생활할 수 있는 자금이 있다.

농사는 긴 호흡을 요구한다. 도시처럼 매달 고정 수입이 발생하는 것이 아니다. 2년 정도의 생활 자금을 갖추고 있다는 것은 비교적 안정적으로 출발할 수 있는 여건이 마련되는 것이다.

18. 주위에 귀농해서 성공한 사람 3명 이상을 잘 알고 있다.

귀농 멘토가 아니더라도 구체적인 성공 경험을 가진 사

람들의 노하우를 잘 전수받을 수 있다면 여러모로 도움이 된다.

19. 자녀들이 교육 과정(중고등학교)을 다 마쳤다.

40-50대의 귀농을 주저하게 만드는 결정적인 이유 중 하나가 자녀 교육에 대한 어려움이다. 대학생 자녀는 어차피 떨어져 생활할 수밖에 없다. 귀농을 결심하는 데 자녀들의 문제가 걸림돌이 되지 않는다면 비교적 홀가분하게 그리고 안정적으로 시작할 수 있다.

20. 오래전부터 농촌 생활을 동경해 왔다.

농촌과 시골 생활에 애착이 있는 사람이 적응도 훨씬 잘 할 것이다.

부록

_ 자연을 노래하다: 청송 귀농별곡, 귀농인의 멘토

_ 청송 귀농의 모든 것

_ 농림축산식품부가 밝힌 귀농 · 귀촌 정책 지원 방향

_ 교육 기관

자연을 노래하다

청송 귀농별곡, 귀농인의 멘토

과거 경제난에서 참살이 추구로 바뀐 귀농 · 귀촌

근래 우리 민족의 수난기였던 IMF 외환위기 직후 귀농 행렬이 줄을 이으면서 '귀농 · 귀촌'이라는 낯선 말이 인구에 회자되기 시작했다. 서울로, 서울로만 치닫던 사람들의 발길이 비로소 고향으로, 그리고 농촌으로 되돌려진 것이다. 물론 그 당시는 경제난 때문이었다.

그러나 최근의 귀농 · 귀촌은 참살이 또는 힐링의 삶을 추구하기 위한 것이 대세다. 오래전 한 TV 방송의 다큐멘터리 프로그램에서 명문대 출신의 서른 안팎 젊은 부부가 깊은 산골짜기에서 살아가는, 귀촌 이야기가 방영됐다.

전자 우편을 통해 번역 일을 한다는 이지적인 외모의 부인이 "이 좋은 전원 생활을 왜 나이 들어서 해야 하죠?"라고 반문하던 모습이 인상적이었다. 당시만 해도 전원 생활하면 '복 많은' 은퇴자들이나 선택할 수 있던 것으로 여겨졌기 때문이다. 이제 그녀의 반문이 보편화되었다.

귀농과 귀촌이 꾸준히 늘어나는 가운데 그들의 걱정과 고민도 만만찮은 것이 현실이다.

청송군 부동면 하의리 삼의교회의 남해길 목사는 자신이 귀농한 입장에서 겪었던 어려움들을 바탕으로, 귀농인들에게 상담과 도움을 아끼지 않는 '귀농 사역'을 자처하고 나서 목회자다. 대구가 고향인 남 목사는 대도시 병원의 원목 생활을 끝내고 2012년 청송 삼의교회에 부임했지만 귀농의 역사는 그보다 더 긴 셈이다. 10여 년 전부터 노귀재 아래 현서면 사촌리에서 농사를 짓던 아버지를 따라 '주말 농사꾼' 노릇을 하면서 나름대로 농사일을 익혔던 것.

농촌의 이방인, 귀농인을 돕는 귀농 사역키로 결심

농사가 힘들다는 건 그때부터 체험했지만 본격 귀농하면서의 어려움은 예상보다 컸다. 그래도 그에게는 '귀농 멘토'가 있어 그나마 다행이었다. 귀농 멘토의 절실함을 경험한 그는 '청

송귀농귀촌고민센터'를 만들고, 스스로 귀농 멘토로 나섰다.

"목회란 인간의 영혼을 구원하고, 사람의 구체적 필요를 돕는 것"이라는 남 목사는 "성경에서 가장 보호받아야 될 사람으로 가난한 자와 고와와 과부, 그리고 나그네를 꼽았는데 나그네는 곧 이방인으로, 농촌에선 귀농인이 이방인이므로 그들을 도와야 한다고 생각했다"고 말했다.

지난해 가을 설립된 청송귀농귀촌고민센터는 기왕에 청송군청이나 청송군 농업기술센터에서 하고 있는 귀농 · 귀촌에 대한 상담과 지원들, 귀농인의 입장에서 귀농인을 돕는다는 차원에서 피부에 와 닿는 그것으로 더욱 살갑게 구체적으로 접근한다는 취지를 갖고 있다.

'과부 사정은 홀아비가 안다'는 속담처럼 귀농인의 애로사항은 누구보다 귀농인들이 잘 안다는 것, 귀농귀촌고민센터는 최근 몇 년 동안에 귀농한 이들과 지난해 청송군 신규 농업인 과정을 수료한 이들을 중심으로 설립됐다. 또 농사 경험이 풍부한 이들로 자문위원단도 구성됐다.

귀농귀촌고민센터는 토지와 작물, 생활 전반에 관한 귀농 상담을 하며, 회원으로 가입한 귀농인들이 매월 한 차례 모임을 통해 친목을 다질 수 있도록 하고, 타 지역 귀농단체와 교류하면서 귀농 정보를 교환한다. 또 갖가지 귀농 프로그램을 개발해 운영하고, 귀농정책 모니터링도 한다.

수필가로, 방송인으로, 집필가로 귀농 상담 활동

남 목사는 지금까지 1백 건이 넘는 귀농 상담을 해오면서 성공보다는 실패 사례를 훨씬 많이 들었다며 안타까워했다. 특히 '할 일 없으면 농사나 짓지'하는 생각이 가장 위험하다고 지적했다. 농사를 너무 쉽게 생각했다가 실패하고 도시로 돌아가는 경우가 많다는 얘기다. 실패하기 쉬운 귀농의 현실을 귀농인들이 잘 극복할 수 있도록 방송과 신문 등 언론을 통한 귀농 상식과 정보 알리기에도 적극적이다. '남해길의 청송 귀농별곡'으로 안동 KBS 라디오 방송에 고정 출연하고, 몇몇 신문에도 필진으로 참여하고 있다.

2004년 등단한 수필가이기도 한 그는 지난해 청송군 귀농교육과정과 생태유기농대학을 수료하고, 청송군 농업기술센터에서 귀농인을 대상으로 강의도 하고 있다. 또 그동안 방송되었던 상담 사례, 강의 내용 등을 묶은 《귀농 매뉴얼 북》을 출간하기도 했다.

책에는 '귀농 십계명'을 비롯해 '귀농하면 도대체 얼마나 벌 수 있을까?', '귀농 상담 사례', '귀농 교육', '귀농 멘토', '새로운 귀농 아이템을 잡아라', '귀농 선도농가 사례', '귀농성공 예측 검사' 등을 담고 있다.

목사 아버지를 둔 '모태 신앙'인 그는 군종병으로 복무하던 시절에 만난 군목의 가르침에 큰 감동을 받아 '교회 안의 목회자'가 아닌 '현장의 목회자'가 되기로 결심했다고. 그래서 지금까지 교회보다는 병원이나 복지시설, 학교의 교목 등을 지냈고, 결국 지금의 '귀농 사역'에까지 이르게 되었다.

이 글은 청송군에서 계간으로 발행하는 잡지, 〈자연을 노래하다, 청송〉 2014년 봄호에 소개된 내용입니다.

청송 귀농의 모든 것

1. 귀농인 지원 사업 〈융자사업〉

– 자격 –

- 세대주가 가족과 함께 농촌 이주, 실제 거주 농업 종사자
- 전입일 기준 농어촌 이외 지역 1년 이상 거주
- 귀농일 기준 5년 이내
- 귀농 교육 3주 이상(100시간) 이수자

※ 귀농 교육 이수 인정: 귀농 후 영농 종사 기간 3개월 이상, 농업계 학교 졸업, 농산업 인턴 이수자

– 융자사업 종류 –

- **창업 자금 융자** 농지 구입, 과원조성, 저장시설, 축산창업
- **주택 마련 자금 융자** 농가주택 구입 및 신축 시 융자지원

• **융자 금액** 농업창업자금 : 농가당 3억 원 한도

주택 신축 및 구입 자금 : 농가당

4천만 원 한도

• **융자 조건** 금리 2퍼센트 / 5년 거치 10년 상환

– 신청 시기 및 장소 –

• **신청 시기** 연중 수시

• **신청 장소** 주소지 읍 · 면사무소 산업 담당

2.귀농인 지원 사업 〈보조사업〉

– 자격 –

• 세대주가 가족과 함께 농촌 이주 및 실제 거주 농업 종사자

• 전입일 기준 농어촌 이외 지역 1년 이상 거주한 자

• 귀농일 기준 3년 이내

• 귀농 교육 3주 이상(100시간) 이수자

※ 귀농 교육 이수 인정: 귀농 후 영농 종사 시간 3개월 이상 또는 농업계학교 졸업, 농산업 인턴 이수자

– 보조사업 종류 –

• **영농정착금 지원 사업** 400만 원 한도(총 소요액의 80퍼센트 지원)

: 농기계, 저장시설, 과원조성, 묘목구입, 기타 농업 관련 시설

• 주택수리비 지원 사업 300만 원 한도(농가주택 수리)

• 농지구입 세제지원 200만 원 한도

• 농지구입 융자금 이자지원 150만 원 한도

(농협, 농촌공사 정책 자금 금리 3퍼센트 융자 한정 해당)

– 신청 시기 및 장소 –

• 신청 시기 매년 1월 하순

• 신청 장소 주소지 읍 · 면사무소 산업 담당

3. 귀농인 농가주택 신축

〈농가주택 신축을 할 수 없는 토지〉

• 경지정리 및 수리시설 등 농업생산기반 정비사업지구

• 집단화된 우량 농지

• 해당 농지 전용으로 연쇄 전용 농지 잠식이 우려되는 농지 및 기타 인근 농지

• 농업 환경 피해 우려 농지

• 진입로가 확보되지 않은 토지

4. 농가주택 대신 농지에 농막을 지을 수 있는지?

〈농막 요건〉

- 주거 목적이 아닐 것(농자재 보관)
- 연면적 합계가 20㎡ 이내일 것
- 전기, 수도, 가스 등 설치 여부(구체적인 허가 요건은 담당자에게 문의)
- 농업생산에 직접 필요한 시설일 것

5. 주택 신축 시 주의사항

〈농촌에서 주택 신축 시 고려사항〉

- 마을에서 상수도 시설 연결 문제
- 인근 지역과 전기, 전화시설 연결 문제
- 농지에 신축 시 농지 전용 가능 여부 확인
- 타인 농지 경유 시 진입로 확보 문제
- 문화재보호구역, 개발행위 가능 여부

6. 농업인 건강보험료, 국민연금 보험료 지원

- **지원 대상** : 농어촌 지역 또는 준농어촌 지역에 거주하는 농업인

(건강보험은 지역 가입차 세대인 경우, 연금보험은 거주지 무관)

- **지원 내용** : 납부 건강보험료의 50퍼센트 지원, 국민연금보험

은 최대 50퍼센트(소득 기준 충족 시 지원)

- 신청 절차 : 농업인 확인(1차 이장, 2차 읍면장) → 해당 공단 신청
- 문의처 : 건강보험공단 콜센터 1577-1000, 국민연금공단 콜센터 1355

7. 농작물 재해 보험

- 신청 대상 : 대상 품목 1,000㎡ 이상 경작
- 대상 품목 : 사과, 배, 단감, 감귤, 떫은감(3월), 벼, 밤 (4월), 고구마, 옥수수, 감자(5월), 참다래, 콩(6월), 마늘(10월), 복숭아, 포도, 자두, 양파, 매실(11월)
- 대상 재해 – 주계약(필수) : 태풍(강풍), 우박
  – 특약(선택) : 동상해, 집중호우
- 가입 장소 : 농지 소재지 지역 농협

8. 농업인 자녀 학자금 지원

- 신청 대상 : 농촌 지역 거주하는 농업인, 고등학교에 재학하는 본인 및 자녀, 손자녀, 조카, 동생이 있는 농업인
- 지원 내용 : 수업료와 입학금 전액

• 사업 신청 : 거주지 읍 · 면사무소 연중 신청

9. 농지원부의 작성

• 신청 장소 : 주소지 읍 · 면사무소

• 신청 농지 – 농지 1,000㎡ 이상 농지에 농작물을 경작하거나 여러해살이식물 재배

– 농림축산식품부령 정한 농업용 시설 300㎡ 이상 설치하여 경작하거나 여러해살이식물 재배

• 소유 여부 : 소유 또는 임차 농지 가능

10. 기타 농업 지원 사업

• 문의처 : 주소지 읍 · 면사무소 산업 담당

청송군청 친환경농정과(전화 : 870–6265)

• 주요 사업 : 농기계 임대, 지역특화 전문경영인 교육지원, 지불제, 친환경, 토양개량, 유기질 비료, 퇴비, 고추비가림, 축산, 논 소득 다양화 사업(논에 타 작물 재배), 과수 유통, 식품 가공 등.

농림축산식품부가 밝힌 귀농 · 귀촌 정책 지원 방향

최근 귀농 · 귀촌의 추세

40대 이하 젊은층의 농촌 유입 크게 증가

젊은 귀농 · 귀촌인은 고부가가치 농업, 농업의 6차 산업화 등에 대한 관심이 높으며, 지역발전의 중심적 역할을 수행하는 것으로 나타나고 있다는 것.

가업을 승계하는 귀농인도 많아지는 추세

대규모 벼농사 가업승계는 평야 지역, 시설채소 가업승계는 대도시 인근에서 많은 것으로 나타남.

향후 귀농 · 귀촌 정책 방향

농식품부는 앞으로는 귀농 · 귀촌인을 유치하기 위한 정책보다는 귀농 · 귀촌한 도시민이 정착하는 데 중점을 둘 것이라고 밝혔다. 귀농 · 귀촌인을 위한 향후 정책 방향은 다음과 같다.

1. 귀농 · 귀촌인의 6차 산업화 창업을 지원하고 전문가 · 마을 리더로 육성

귀농 · 귀촌인의 6차 산업화 창업을 지원하여 가공품 생산 · 유통 · 판매 · 체험 관광 · 서비스 등 6차 산업 활성화 핵심 주체로 육성한다.

(사례) 예산 사과 와인 : 귀농인인 부대표가 기존 사과 과수원 경영에 와인 제조 기술을 결합, 사과 와인 생산 및 체험관광 연계 등 고부가가치 창출('13년 32천 명 방문, 매출 5억 원)

전국 9개도 〈6차 산업 활성화 지원센터〉의 전문가 풀에 지역 내 다양한 전문성을 가진 귀농 · 귀촌인을 우선 포함시켜 기술, 경영, 유통, 디자인, 마케팅 · 홍보 등 맞춤형 상담자 및 컨설팅 요원으로 활동 기회를 제공한다.

젊고 유능한 귀농 · 귀촌인을 지역 리더로 육성하여 마을개발 · 농촌 체험관광 등 각종 농촌 지역개발 사업 참여를 확대하게 된다.

(사례) 청양 알프스 마을 : 귀농자인 마을 대표가 농업 여건이 취약한 산간마을을 계절별 마을 축제로 활성화('13년 242천 명 방문, 매출 14억 원)

2. 귀농 · 귀촌인에 대한 농산업 일자리 제공 기회 확대

귀농 · 귀촌인들이 활용할 수 있는 농산업인턴제의 인원을 확대하고 현재 39세 미만인 연령 제한을 49세로 완화한다.

※ '14 사업량 : 710명(농진청 560, 노동부 150), 귀농인에게 5개월 동안 80~160만 원 지원.

또한, 농업법인의 협의체인 농식품법인협의회와 농림수산식품교육문화정보원이 지난해 말 체결한 양해각서에 따라 올해는 귀농 · 귀촌인의 농업법인에 대한 취업 기회가 확대될 것으로 기대된다.

아울러 지난해 9월 전국 농협 시 군지부에 설치한 158개 도농인력지원센터를 올해 본격 가동하여 귀농 · 귀촌인에게 일자리를 제공하게 된다.

3. 귀농 초기 영농 정착을 잘 할 수 있도록 맞춤형 지원체계 구축

귀농 선배, 마이스터, 신지식 농업인 등을 1:1 멘토로 지정하여 농촌 생활, 농업 기술 등 귀농인의 정착을 돕게 된다.

비닐하우스 등 시설설치 지원을 위한 규제를 완화*하고, 주택 구입 자금의 대출 이율을 현재 3%에서 2%~2.7(65세 이상 2%)로 인하하는 동시에 대출 한도도 현재 4천만 원에서 5천만 원으로 상향 조정된다.

창업 자금의 경우 현재 귀농 후 5년 이내에 1회만 대출을 받게 한 것을 2회까지 받을 수 있도록 개선하여 규모를 확대하려는 귀농인의 영농을 적극 지원하게 된다.

※ 창업 자금 융자 횟수 : 1회 → 2회(귀농 후 5년 이내 2억 원 한도)

4. 귀농 · 귀촌 설계와 농촌 적응 지원을 적극 지원

현재 수원에 있는 귀농귀촌종합센터를 접근성이 좋은 서울로 이전하고 전문 귀농상담사를 양성하여 보험설계와 같은 맞춤형 창업설계를 돕는다.

---

* 설치 규모는 600평에서 200평으로 완하되고, 농지 임차 기간도 10년 이상에서 5년 이상으로 완화.

농업과 관련된 배경이나 지식이 없는 귀농 준비자를 위한 귀농 · 귀촌 교육을 확대하여 정부에서 교육비를 지원하는 귀농 · 귀촌 교육 인원을 2013년 1,925명에서 2014년 2,400명으로 대폭 확대하고 지역 주민과의 융화합을 돕기 위해 귀농 · 귀촌 희망자들이 농촌에서 재능 나눔, 자원봉사하는 교육 프로그램을 교육 과정에 포함하게 된다.

영농실습 – 주거 – 농촌 적응 통합 지원의 확대를 위해, '체류형 농업창업지원센터'를 전국 거점 지역에 8개소를 건립하여 거점별 종합 정보 제공 및 영농 교육, 주거 등을 지원하고, 귀농인의 임시 거처인 '귀농인의 집'을 수리, 3년간 매년 100개씩 지원 확대할 계획이다.

※ ('14 완공) 충북 제천 · 경북 영주, ('15상 완공) 강원 홍천 · 충남 금산 · 전남 구례

교육 기관

교육 방법	교육 단계	교육 유형	교육기관	주요강좌	교육장소	문의처
오프라인교육	귀농교육	귀농 창업 관심 탐색 형	청송귀농 귀촌 고민센터	귀농전반, 멘토링, 현장체험,	서울, 대구, 경북 (청송,영양, 봉화, 의성, 군위, 경주, 상주)	070- 4406-5870
			(주)마을디자인	귀농 농장 디자인과정	서울 서초/ 경기 양평	1544-5164
			(사)서울특별시 새마을회	귀농/창업' 부자들이야기'	서울 동대문/ 충남 공주, 홍성/ 경기 남양주	02-2216-1881
			(사)전국 농업 기술자 협회	귀농창업 종합	서울 이촌,강일/ 경북 안동/충북	02-794-7270
			(주)한국 식품정보원	농식품 가공사업창업	서울 영등포/ 대전 유성	02-2671-2690
			(사)한국 녹색 디자인개발협회	북한이탈주민 귀농교육	서울 사당/ 경기 고양	02-599-8163
			한국농식품 지역전문학교	귀농귀촌 나침반과정	서울/경기 평택	02-597-5156
			(주)MBC 아카데미	현장체험형 귀농창업	서울 송파	02-2240-3855
			대경 직업 능력 개발원	도시민 나무부자창업	대구/경북 영천	053-961-1133
			영진전문대학 평생교육원	귀농창업 혁신프로그램	대구 복현/ 영천시, 영주시 등	053-940-5185
			(주)고려 아카데미컨설팅	도시직장인 귀농아카데미	서울 금천구/ 경기 화성/강원 평창	02-2106 -8816~7
			삼갈기독교 귀농학교	귀농전반,멘토링, 농촌체험, 스토리농법, 컨설팅(협동조합)	서울, 대구, 경북 (청송, 영양, 봉화, 의성, 군위, 경주, 상주)	054-873-3955
			(주)전략 인재개발원	도시민 귀농창업	대구/경북 성주/경남거창	053-653-0100
			가자 유성 농장으로	한해농사 체험 귀농교육	대전 유성	042-863-8822

교육 방법	교육 단계	교육 유형	교육기관	주요강좌	교육장소	문의처
오프라인교육	귀농교육	귀농창업 관심탐색형	(주)한국 식품 정보원	농산물가공 전문가 양성	대전 유성	02-2671-2690
			여주 농업 경영전문학교	실습중심 과수기초교육	경기 여주	031-883-8272
			한국농수 산대학	특용작물 귀농창업	경기 화성	031-229-5045
			한국방송통신 대학교(경기)	성공귀농 천연발효	경기 화성	031-241-2727
			화천	화천현장 귀농학교	강원 화천	033-442-6233
			단국대학교 (천안)	도시민귀농 창업탐색	충남 천안 청양,부여, 횡성,평창 등	041-550-3620/3
			서천군 귀농인 협의회	자연에서 행복만들기	충남 서천	041-952-2116
			농협 경주환경 농업교육원	도시민 귀농탐색 실습	경북 경주	054-751-4100
			(사)경남 생태귀농학교	경남생태 귀농학교(기초)	경남 창원	070-8795-0745
			(사)농촌으로 가는길	귀농창업 마스터 플랜실습	전북 진안	063-432-0604
			전북 귀농 귀촌학교	30평 도제식 귀농교육	전북 정읍시	063-537-3600
			전남친환경 농업영암교육원	귀농 친환경 과원 조성	전남	061-472-3155
			aT한국농수산 식품유통공사 농식품교육원	2014년 귀농 핵심 길잡이	서울	031-400-3524
			여주농업경영 전문학교	도시민 과수 창업교육	경기 여주	031-883-8272
			서해영농 조합법인	친환경복합 영농귀농교육	경기 평택	031-683-7433
			천암 연암대학	도시농업 창업과정	충남 천안	041-580-5515~8
			(재)한국지도자 아카데미 (농민교육원)	귀농창업 약용작물교육	경기 시흥	031-405-6001~3

교육 방법	교육 단계	교육 유형	교육기관	주요강좌	교육장소	문의처
오프라인교육	귀촌교육	귀촌 창업 관심 탐색형	(주)고려아카데미 컨설팅	직업인 귀촌 아카데미	서울 금천구/ 강원 강릉	02-2106-8800
			(재)송석문화재단	희망농부학교	서울 도봉	02-954-0203
			(사)전국 귀농 운동본부	서울생태 귀농학교	서울 장충/ 경기 군포	031-408-4080
			(사)전국 농업 기술자협회	귀촌창업 종합	서울 이촌/ 강일 등	02-794-7270
			전국 여성농민회 총연합회	희망나래 여성 귀촌학교	서울/경북 상주	02-582-3326
			(사)청미래재단	직장인 귀촌 종합교육	서울 관악/ 부여, 보령, 서천, 화천 등	070-7670-3477
			완주커뮤니티 비즈니스 지원센터	누리살이 귀촌학교	경기 남양주	063-714-4777
			(주)이미지큐브	6차산업 체험탐색교육	경기 과천, 양평/강원 평창/전북 등	02-363-2400
			카네기직업학교	귀촌창업 성공전략	경기 안상/ 화성	031-416-6511
			한겨례 교육 주식회사	도시민귀촌 창업설계	경기 분당	031-8018-0900
			(사)미래 인재 개발협회	내가 만드는 황토구들방(심화)	강원 평창	033-334-6866
			민들레코 하우징	농촌주택 기술교육	충북 영동	02-525-0195
			(사)농촌으로 가는길	귀농창업마스터 플랜실습	전북 진안	063-432-0604
			(사)전국귀농 운동본부	순창 농촌 생활학교	전북 순창	063-653-5421
			(사)경남생태 귀농학교	경남생태현장 투어학습	경남 각국	070-8795-0745